分ければ見つかる知ってる漢字

白川静先生に学んで漢字の学習システムをつくる

宮下久夫遺稿集

＊太郎次郎社
TAROJIRO SHA

序文　宮下久夫氏の業績について

白川　静

いま国語教育は、重要な時期を迎えているように思う。情報機構の急速な発達によって、ことばの生活のうえでも世界化が要求され、英語教育を強化しようとする動きがある。漢字を制限することによって弱められた国語の表現力は、一そう軽視されようとしている。

しかしこの傾向は、早くアメリカによる占領政策の当時から見られたものであり、これを懸念する有識の人もあったが、戦後五十年を過ぎた今では、まさに危機的な状況にあるといえよう。私の漢字研究は、一には私の研究上の必要によることであったが、より以上に、わが国の国語政策、その国字政策に対する関心を含むものであった。ただこれを字書の形にまとめて提供することは、私が退休の身となるのを待つほかなかった。それで学校を退くと、直ちに字源字書として「字統」を書いた。宮下氏が、その同志である太郎次郎社の浅川満氏、また盟友である伊東信夫氏と相携えて、京都に私を訪ねられたのは、それから間もない頃であったように思う。諸氏は皆同憂の人で、教育の現場を通じ、また出版を通じて、漢字の教育のために、色々努力されている方であった。

私はその後、「字訓」「字通」を書いて、漢字教育のための資料の提供につとめたが、その実践については、教育の現場にある人、またその経験のある方に、求める外はない。それで宮下氏らが、その豊かな経験をもって、この運動に参加されることは、この上なく力強いことであった。そして幾つかの試みが、太郎次郎社によって実現され、それぞれの成果を挙げている。そして宮下氏からは、私の「字通」刊行のとき、改めて抱負にみちた手紙を頂いた。この書のVI章に、そのことに言及されたところがある。しかし氏は、その志を抱いたまま、急逝された。私としては、私の文字学の有力な実践者を失って、寂寥に堪えない。

この書は、宮下氏が新しい文字学のあり方を考えて、色々試みたうえで、最終的に整理された学習システムの企画書である。教授者の教科立案の基本として、この書は極めて厳密な体系をもち、また漢字の形・声・義それぞれの面から、縦横に問題を組織する方案が考えられている。教授者としては、これによって左右逢原、自在に必要なカリキュラムを組むことができよう。氏の積年の苦心が、ここに結晶しているように思われる。

この書によって、漢字の理解のしかた、教えかたは、その方途が与えられ、漢字の学習は容易に、また効果的なものとなるであろう。漢字はその構造を理解することによって、記憶も容易となり、適確に使用することもできる。国語の語彙の半ばは、漢字によって構成されている。またわが国の訓読法によって、中国の文献のほとんどは、その読書領域のうちにある。それがわが国における東洋の伝統的文化を生む源泉であった。

東洋には、他の地域に求めがたい伝統がある。そこには漢字によって共通に受容しうる文化があり、精神があった。いまその東洋がおかれている状態は、極めて異常であり、非歴史的なものである。私は漢字文化を通じて、かつての東洋の文化、その精神の世界を回復することを願って、研究を続けてきた。漢字の理解を、国民的教育の場において一般化することが、私の切なる願いである。

宮下氏のこの書は、私のそのような願望を、教育の場において実践するために試みられた、貴重な業績である。漢字の教育に心ある人びとによって、この学習システムがひろく利用され、漢字の文化が速やかに回復されることを願っている。漢字文化の回復は、また必然に、東洋という文化理念の回復に連なるものであることを、深く信ずるからである。

二〇〇〇年十月

目次

● 序文 宮下久夫氏の業績について……白川静 ● 1

Ⅰ章 漢字の指導・学習方法の発見 ● 11

● 1 子どもの間違いから気づかされる ● 12

● ❶ 繋がりがあるからこそ覚えられる 12
❷ 勹(つつみがまえ)のなかはなに? 13
❸ 探検(たんけん)をなぜ探検(しんけん)と間違えるのか 17
❹ 「喜」(正しくは喜)はなぜ間違いか 19
❺ "分ければ見つかる知ってる漢字"の学習方法 21

● 2 要素で組み立てられる漢字の構成 ● 24

● ❶ 漢字構成の要素となる基本漢字 26
❷ 要素の漢字がつくるあわせ漢字 32
❸ 三つのカルタで描きだすあわせ漢字 34

3 漢字を学ぶ六つのポイント 38
❶ その形が現実の姿をあらわす基本漢字 38
❷ 漢字を形づくる十の画 40
❸ 漢字は組み合わさるとき形を変える 41
❹ その形があらわす意味でつながっている部首 43
❺ わかりにくい漢字の音《おん》 44
❻ その形があらわす音でつながっている形声文字 46

Ⅱ章 一〇一基本漢字と十の画 49

1 一〇一基本漢字 50
❶ こうして一〇一漢字を選んだ 51
❷ 基本一〇一漢字の特徴 54
2 漢字の字形と十の画 59
❶ 基本の三つの線と点 61

❷ 基本の二つのかぎ 62
❸ 間違いやすい四つのかぎ 65
● 3 一〇一漢字の形と意味 68
● ❶ 一〇一漢字の文法的・語彙的な区分 68
❷ 一〇一漢字の形と意味 70
❸ ひらがなと漢字 72
● Ⅲ章 あわせ漢字と部首 81
● 1 あわせ漢字のでき方 82
● ❶ もとの漢字が縮んで組み合わさる型 84
❷ もとの漢字が欠けて組み合わさる型 85
❸ もとの漢字が変わって組み合わさる型 86
❹ もとの漢字が化けて組み合わさる型 87
● 2 形を変えて組み合わさる部首 89

❶ 組み合わさるための変形 89
❷ 偏《へん》・旁《ぼう》・冠《かん》・脚《きゃく》 90
❸ 限定符としての部首 92
❹ 方（ほうへん）と㫃（エン）の部首 94
❺ 整理・統合されていった部首 96
❻ 部首のさまざまな転用 98
❼ 字形の簡略化による新部首 100
3 部首の系列と体系 103
❶ 人の一生をあらわす人をかたどる部首の系列 103
❷ みぎてをかたどる「又《また》」からできた部首の系列 104
❸ 形も向きもちがって組み合わさる「止《シ》」の部首の系列 106
❹ 意外な形で思わぬところにひそんでいる「卩《セツ》」の系列 108
❺ 自然をあらわす部首の系列によるパノラマの展開 110

Ⅳ章 会意文字と形声文字 115
1 会意文字とはなにか 116

❶ 会意文字の成り立ち 116
❷ 形声文字の音記号となる会意文字 119

2 会意文字と形声文字 122
❶ 仮借《かしゃ》と転注《てんちゅう》 122
❷ 限定符がつくる形声文字と、形体素がつくる会意文字 125
❸ 辞典によってことなる字源の説明 128
❹ 音でみわける会意文字と形声文字 131
❺ 同じ形の字源をもとにしてできた会意文字のつながり 134

V章 形声文字と音記号 137

1 漢字音の特徴 138
❶ 漢字音のつまずき 139
❷ 文選《もんぜん》よみの工夫 144
❸ 漢字音の特徴 146
❹ 漢字のお経 151

2 形声文字とはなにか 153

❶ 音記号の発見 153
❷ 音記号の三つのタイプ 155
● 3 形声文字のしくみ 161
● ❶ 同形同音の音記号をぬきだす練習 162
❷ ふくらんでいく音記号と「繁文」 164
❸ 音記号の似ている音と方言の対応 169
● 4 音記号はどこから生まれたか 173
● ❶ 一〇一漢字を中心にした象形文字がつくる三五の音記号 174
❷ 会意文字がつくる三七の音記号 176
❸ 独立した漢字としては使われていない三六の音記号 178
❹ 音記号をとり扱う指導上の留意点 181
● VI章 漢字の広場 185
● ◉ 漢字はみんな繋がっている 186
● ❶ 形声文字は漢字の十字路をつくっている 186
❷ 形声文字の十字路から漢字の広場ができる 189

❸ 漢字はすべて繋がりあっている 191
❹ 『字通』の刊行を喜ぶ 196
●
Ⅶ章 漢字とことば(語彙) 201
●
◉ 漢字と漢語 202
●
❶ 音よみと訓よみ 203
❷ 漢語の組み立て・六つの型 204
❸ 常用漢字七二二字の訓よみの復活 207
❹ おなじ訓をもつ異なる漢字 211
❺ 訓よみにしたのでは意味のつかめない漢語 213
❻ 時代の推移と漢字 217
●
◉ あとがき……宇敷輝男・浅川満 220

◎I章◎
漢字の指導・学習方法の発見

1 子どもの間違いから気づかされる

❶ 繋がりがあるからこそ覚えられる

いま、将棋の名人戦が始まっている。天才といわれる羽生《はぶ》善治棋聖が米長八段に挑戦してすでに三勝をあげたという。

これに先だって、先日、テレビのインタビューで、羽生棋聖は、「そうですね。千手くらいは頭のなかでよみます」と答えていた。びっくりしたアナウンサーが、「よく千手も覚えていられるものですね」というのに対して、「つながりがあるから覚えられるんですよ」と話していた。

そのテレビを見ながら、私は、なるほど、ひとつひとつの手が相手の動きに対応して、つながっているからこそ覚えていられるんだと思った。

そのとき、ふと漢字だってそうなんだと思った。その形をてがかりにして、意味や音のつながりを追っていく学び方だからこそ楽しく覚えられるのだと思った。

そう言えば、個々の漢字をなんの脈絡もなく、ばらばらに覚えようとしているいまのやり方では、せいぜい五〇〇字が限度だろうといわれている。

「高校生になっても漢字を書く力は小学校の三年程度にしかついていない」とも言われる。小学校三年までの教科書に提出されるいわゆる学年配当漢字は四四〇字である。ひとつひとつの漢字をばらばらに覚えるのは、そのくらいが限界なのかもしれない。

では、漢字のつながりを利用して覚えるとはどんな方法なのか。一口に言えば、漢字の仕組みを利用することである。漢字は、その形を中心に、音《おん》や意味(義)が体系をなしてつながっている。漢字を分解すると、そのつながりがはっきり見えてくる。それを利用して覚えるという方法である。

そのことに気づくきっかけをつくってくれたのは、子どもたちの誤字と、それにからまる次のようないくつかの授業のなかでのことからだった。

❷――勹(つつみがまえ)のなかはなに?

あるときの、六年生の新出漢字書き取りテストで、もっとも誤字の多かったのは、「胸」の字、その勹(つつみがまえ)のなかの部分だった。

この誤字をなくすためには、分解して勹(つつみがまえ)のなかの部分「凶《キョウ》」を取りだして、その形を子どもたちに印象づけたいと思った。その部分だけを取りだせば、子どもたちの目はそこに集中できるし、かんたんな字形だからつかみやすいはずだと思った。そこで、

誤字の例

音記号の系列　凶《キョウ》　兇《キョウ》　匈《キョウ》　胸《キョウ》

「胸《むね》のまちがいが多かったよ。月(にくづき)や勹(つつみがまえ)など、外側の部分は書けたのに、勹(つつみがまえ)のなかをまちがえた人が多かったよ。なかを取りだすからよく見てごらん。こう(凶)だよ」

と言いながら「凶」を板書した。すると、子どもたちのなかから、

「あっ、おれ、見たことあるよ。その形、おみくじの凶《きょう》だよ」

「ほんと、おれも知ってる」「あたしも」「おれも」

そんな発見で子どもたちはわきたっていた。予想もしなかった子どもたちの動きにつられて、私も調子づいていた。

「そうだよ。おみくじの凶《きょう》だよ。これにあし(儿)をつけると、兇悪犯人の兇《きょう》だぞ!」

などと言いながら板書していった。

「ああ、だから身体検査のときの胸囲《きょうい》の胸《きょう》になるんだ」

「ああ、ほんと、おもしれえ」

新しい発見に子どもたちはさらに活気づいていた。私がそれとは意識しないで形声文字の音記号にいきあった最初の授業だった。

ずっとあとになって『字統』(白川静・平凡社)で調べたら、匈《きょう》が胸のもとの字で、本来はこれが人のむねをあらわしていた。勹(つつみがまえ)は人の側身形で、そこに×型の文身《いれずみ》をして邪霊を防ぐおまじないにしたといい、後に匈が匈奴《きょうど》などほかの意味につかわれたので、さらに月(にくづき)をつけて胸《きょう》がつくられたのだという。

そのときの私は、もちろんそんなことに気づくはずはなかった。テストの結果、もっとも誤字の多かった部分を取りだし、二度とまちがえないようにその形を子どもたちに印象づけたいと思っただけだった。

ところが、胸《きょう》の誤字部分を取りだすことは、子どもたちのすでに知っていた「おみくじの凶《きょう》」という知識をひきだすことになった。そして、その「おみくじの凶《きょう》」は、たまたま形声文字「胸」の音記号としての役割をになっている部分だった。だから、その音記号の「凶《きょう》」をとりされば、匈《きょう》からは勹(つつみがまえ)、兇《きょう》からは儿(ひとあし)、胸《きょう》からは月(にくづき)という部首があらわれてくる。

それまでも、亻(にんべん)や氵(さんずい)などの部首が、おなじ意味グループをまとめて辞典に並べられていることはよくわかっていた。けれど、凶《きょう》のような音をあらわす部分が、このような系列をなして形声文字の構成要素になっているなどとは思いもつかなかったのである。

そんなことがあったのをきっかけに、私は明治生まれの父親がよく口にしていた漢字の覚え方の一つに、

「日《ひ》は暮《く》れにけり、土墓《どはか》、巾幕《きんまく》」

というのがあったことを思いだした。父親は、私には大伯母にあたる文久生まれの「隠居のお婆さん」から教わったと言っていたから、江戸末期の上州の小さな城下町で、すでに共通の音記号をもつ漢字から相違部

分の部首を取りだして覚えるという方法があったにちがいない。

そのころから私は、「分ければ見つかる知ってる漢字」という標語をつくって、子どもたちによびかけ、うまく適用できる漢字を見つけては実践するようにしていた。

たとえば、六年生の新出漢字で今晩の「晩《ばん》」がでてくる。そんなとき、その日(にちへん)をとりさった音記号の「免《めん》」だけを取りだして子どもたちにたずねる。

T「この形(免)、どこかで見たことない?」

C「ある。免許証の免《めん》だよ」

T「よく知ってたね。免許証の免《めん》だよ。でも、まだほかにもあるよ。みんなのよく知ってる漢字で……?」

C「あっ、勉強の勉《べん》の左側だ」

T「うん、そうだよ。三年で習う勉強の勉《べん》と、六年でいま習う今晩の晩《ばん》と、中学になってから出てくる免許の免《めん》は、ひとつにつながっている漢字なんだよ」

こうして、晩を分解して音記号の「免《めん》」をとりだし、すでに知っている勉強の「勉《べん》」をひきだし、新しく学習する知識「晩《ばん》」につなげてやることである。それは同時に、形声文字の構成要素が部首と音記号で組み立てられていることを個別に学習していくことでもあった。しかしこの時点では、私はまだ漢字の全体系をつかんでいたわけではなかった。

❸ 探検《たんけん》をなぜ探検《しんけん》と間違えるのか

小学校の高学年になると、複雑な形声文字がつぎつぎに差しだされる。そのなかで、態度《たいど》を態度《のうど》、探検《たんけん》を探検《しんけん》とするふりがなテストのまちがいが、きっと何人かはでてくる。

この子たちは、すでに学習している深海《しんかい》の深《しん》や、能力《のうりょく》の能《のう》が、探《たん》や態《たい》と同形の部分をもっていることに気がついているはずだ。そしてまた、いままでの学習から、「おなじ形をもっている漢字は、おなじ音をもっている」というルールを自己流に発見し、それを適用させているにちがいない（①〜⑥は配当学年）。

②遠《エン》——③園《エン》　②会《カイ》——②絵《カイ》　④鏡《キョウ》——⑤境《キョウ》　④建《ケン》——④健《ケン》　④象《ゾウ》——⑤像《ゾウ》

たまたま、探《たん》と深《しん》や能《のう》と態《たい》などの例外にいきあい、その適用をまちがえたが、「おなじ形がおなじ音をあらわしている」という形声文字の構造に目をつけた覚え方は、高く評価してあげなければならない。そのうえで例外もあることを指摘するべきだ。少なくとも、自己流のルールをつくってまで学習しようとする意欲は大いに認められてよいことである。

というのは、幼児がことばを獲得していく過程にもこれとよく似た試行錯誤がくりかえし行なわれることがあることを心理学者は報告している。

「子どもの初期のことばは、形態はおとなのそれに類似したものを用いても、その意味内容はきわめて個性的であり、文法規則なども自己流にルールを作り出し、みずから試作的にそれを適用していく場合もめずらしくはない。……」（岩波新書『子どもとことば』岡本夏木著、傍点筆者）

かな文字の学習でも、子どもたちは自己流の、いわばその場かぎりのルールをつくってそれを適用させ、つぎつぎに文字を獲得していくのを私たちは知っている。その学習過程で、そのルールもまたつぎつぎに改訂・変更されていくものなのだ。

複雑な要素がからみあって組み立てられていることばや文字のさまざまな法則を、はじめから完全に所有することなど、だれにだってできるものではない。まして、新しい知識をつぎつぎに獲得し、現実に役立てていかなければならない子どもたちにとっては、とりあえずもっとも基本のルールを利用して漢字を獲得しなければならなかった。それが「おなじ形はおなじ音をもつ」というルールだった。

だとするならば、つぎのステップはおなじ形が似ている音をあらわし、さらにそのうえのステップではおなじ形がちがう音をあらわすものもあると発展しなければならない。

形声文字は、同形の部分がおなじ音をあらわし、整然とした文字体系をもっている。その構造のみごとさがこうしたルールをつくって漢字を獲得しようとする子どもたちの意欲を引きだしているにちがいない。しかし同時に、こうした子どもたちの誤りは、なお、一筋縄では説明しきれない漢字の側面を私たちに教えてくれているのだった。

❹ 「喜」（正しくは喜）はなぜ間違いか

正→○喜　誤→×喜

あるとき、私は「喜」の誤字にテストでマルをつけて、国語を専攻していたという先輩の教師から注意をうけたことがあった。「喜」の下の部分、横線にかかる二つの点は、下につき抜けてはいけないというのだった。なぜつき抜けてはいけないのか、その説明はなかった。

注意してくれた先輩は、温厚なとても人のいいかただった。けれど、なぜ二つの点が下につき抜ければ誤字になるのか、その指摘だけでは納得できなかった。重箱の隅をほじくるように一点一画までを規定している漢字表記のきまりを苦々しく腹立たしくさえ思った。それで私は、いつまでもこのことを忘れないでいた。

その後、しばらくたって複雑な字形も、「分けてみれば知ってる漢字が見つかる」という習慣が身につくようになったころだった。

あるとき、樹木の「樹《じゅ》」を分けてみようと思った。左右にある木（きへん）と寸（すん）はすぐ分けられる。分けにくいのはまんなかの部分だ。上の部分を士にすると、下の部分は「豆」（？）になって漢字にはならない。上の部分を十にすると、下の部分は「豆《とう》」になる。

そこまで考えたとき、はっとした。かつて納得できないでいた「喜《き》」の下の部分、横線にかかる二つの点が下につき抜けてはいけないわけは、その部分が「豆《とう》」という漢字をあらわしていたからではなかったろうか？

調べてみると、「樹」を分解すると木（きへん）と尌《じゅ・ちゅう》になる。《尌《ちゅう》は食器の豆《とう》をもつ形で調理の意》であるという。そう言えば、豆《とう》はもとは《たかつき＝高坏で足の高い食器の形。……豆菽《とうしゅく》（まめ）の意に用いるのはのちの用法》であり、厨房《ちゅうぼう》といえば、《廚＝厨＝くりや、料理場。厨は俗字》のことだという。

また一方で、「樹《じゅ》」は、《壴《こ》＝鼓＝太鼓《たいこ》をうって邪気をはらい樹木を植える》という意味をもっているという。そして「喜《き》」は、《壴《こ》と口《さい》の会意文字で、口《さい》は祈りのことばを収める器。神に祈り、太鼓をうって神を喜ばせる》ことであり、《その喜《き》に力＝すきを加え、農具を清めて豊作を祈願するのが嘉《か》である》という。

このように、豆《とう》は、厨房《ちゅうぼう》につながり、太鼓《たいこ》につながる要素として、重要な位置を占めていることがわかる。それと同時に、こうして豆《とう》を取りだしてみれば、そのなかの二つの点が横線をつきぬけるべきでないことは一目でわかってくる。

そればかりではない。豆《とう》をぬきだすことで太鼓につながる漢字がつぎつぎにひきだされる。

彭《ホウ》は《壴《こ》と彡《さん》の会意文字、彡《さん》は音や色彩などを示す記号だから、彭《ほう》とは太鼓の音のひびくこと》であり、膨《ボウ》は《太鼓の音のように、ものがその内部からふくらむこと》であり、豈《ガイ》は《軍が凱旋《がいせん》をするときうちならす太鼓の音のこと》であるという。（《　》内は『字統』の説明による。）

このように一見、複雑そうに見える漢字も分けてみると、それぞれの部分が鮮明になり、その一つ一つがなんらかの役割をもって組み合わさっていることがわかる。そのそれぞれの部分は、あるものは意味をになってつながり、またべつのときには音をあらわしてつながったりする。ときには、意味も音もかねそなえた要素になっていることもある。分ければ、そのつながりが見えてくるのである。

❺――"分ければ見つかる知ってる漢字"の学習方法

最初につくられた漢字は象形文字だろうといわれ、その象形文字は形・音・義《（いみ）》を固有しているといわれている。

これらの漢字は、その形が音や義をになって組み合わさり、つぎつぎにあわせ漢字をつくっていく要素になるので、基本の漢字ともいわれている。そして、そのあわせ漢字づくりの中心になるのは、いつもその形である。

一見、複雑そうに見える漢字も、音や義をになって組み合わさっているもとの漢字に分けてみると、その複雑な漢字がどんな漢字によって組み立てられているかがわかってくる。

たとえば、「祭《まつり》」という漢字は月《にくづき》（肉）と又（て）と、示（神《かみ》）の三つの要素に分けることができる。

こうして分けてみると、複雑に入り組んでいるかにみえる字形の末端の部分まで鮮明に認識することができる。

それと同時に、それぞれの要素につながる次のような漢字の系列が見えてくる。

示〈ネ〉（神を祭る祭卓）――示《シ》、祭《サイ》、禁《キン》、神《シン》、祝《シュク》……

又（右手の形）——双《ソウ》、反《ハン》、友《ユウ》、取《シュ》、受《ジュ》……
月《にくづき》〈肉〉（体の各部）——育《イク》、肥《ヒ》、胃《イ》、腸《チョウ》、胸《キョウ》……

そして、《示（神《かみ》）の前に又（て）で月（肉《にく》）をささげて祭《まつ》る》というおよその意味もつかむことができる。

このように複雑そうに見える漢字も、その漢字を組み立てている要素に分けることができれば、それぞれの部分の形をはっきりつかむことができる。しかも、構成要素となる漢字のほとんどはすでに知っている基本の漢字（象形文字）なのである。

この漢字の性質を利用し、分解してその部分を正確につかみ、それを総合して字形の全体を把握しようとする学習の試みが〝分ければ見つかる知ってる漢字〟という漢字の学習方法をあらわす標語になったのである。この学習の方法に行きついたのは、前述したように、くりかえし出てくる子どもたちの誤字にヒントを得たことがきっかけになったのだった。つぎの実践例もそうした事例のひとつで、「『属《ゾク》』のなかには『虫』がいる」という発見だった。

あるときの漢字書き取りテストで、四、五人の子どもが次のような誤字を書いた。両とか岳とか岡など、頻度数の多い「山」の形にさそわれるのだろうか？　毎年、何人かの子どもたちがきっとまちがえる誤字の一つである。

誤→×属　　正→○属

↓
屬
↓
属

今年こそはいっぺんの説明で子どもたちを納得させて、二度とまちがいをくり返させないようにできないだろうかと考えた。そこで、「属のなかには虫がいるんだよ。上はしっぽの尾だよ。とんぼなんかの虫はしっぽにくっついてつながってるじゃない」と説明した。

「ああ、とんぼがつるんでるんだ」

「つるんでくっついているんだ」

「そうだよ。雄が雌のしっぽにくっついているという字だから、虫としっぽの尾(尸)が組み合わさって『つきしたがう』という意味の字ができたんだよ」

「属《ゾク》」の旧字は「屬《ゾク》」で、《雌の性器をあらわす尾《ビ》と、雄の性器をあらわす蜀《ショク》が相連なった形である》という。

現代の字形は簡略化されてしまったが、それでもその簡略化された字形から、尾の省略形「尸」と、蜀が簡略化された「虫」をぬきだすことはできる。そして、その二つの字形から、《虫はしっぽ(尸)をくっつけて交尾する》という意味をひきだし、そこから「つきしたがう」という漢字の意味につなげることはできるのだった。

ここでは、要素の漢字が省略されたり、簡略化されたり、縮小されたりして現代字形のなかにも生きていることを知らされた。

2 要素で組み立てられる漢字の構成

漢字が現実のものごとを絵のようにかたどってつくられた文字であることはよく知られている。山や川などの絵と古代文字をつなげ、その誕生を話してやると、小学校の一年生でもよくわかってとても喜ぶ。そしてもっと知りたがったりする。でも、残念なことにすべての漢字のでき方を絵で説明することはできない。

漢字には絵をかいて説明できるものと、できないものがある。たとえば、犬のでき方は絵をかいて説明できるが、猫《ねこ》はできない。というのは、犬は現実の犬を絵のようにかたどってできた要素の漢字だが、猫は、意味のうえでは猫とはなんの関係もない要素の漢字が集まって組み立てられている漢字だからである。(つぎの図をごらんいただきたい。)

犬や艸《くさ＝のちにくさかんむり艹》や田や豸《むじなへん＝獣の立ちあがった形》は、それぞれ要素の漢字だから絵をかいて説明できる。

けれど、苗《なえ》や猫《ねこ》は、要素を土台にして組み立てられている漢字だから、直接、絵で説明するわけにはいかない。

それでも、苗《なえ》は《田に植える艸＝くさ》だから、要素のそれぞれの意味のつながりで説明できる。ところ

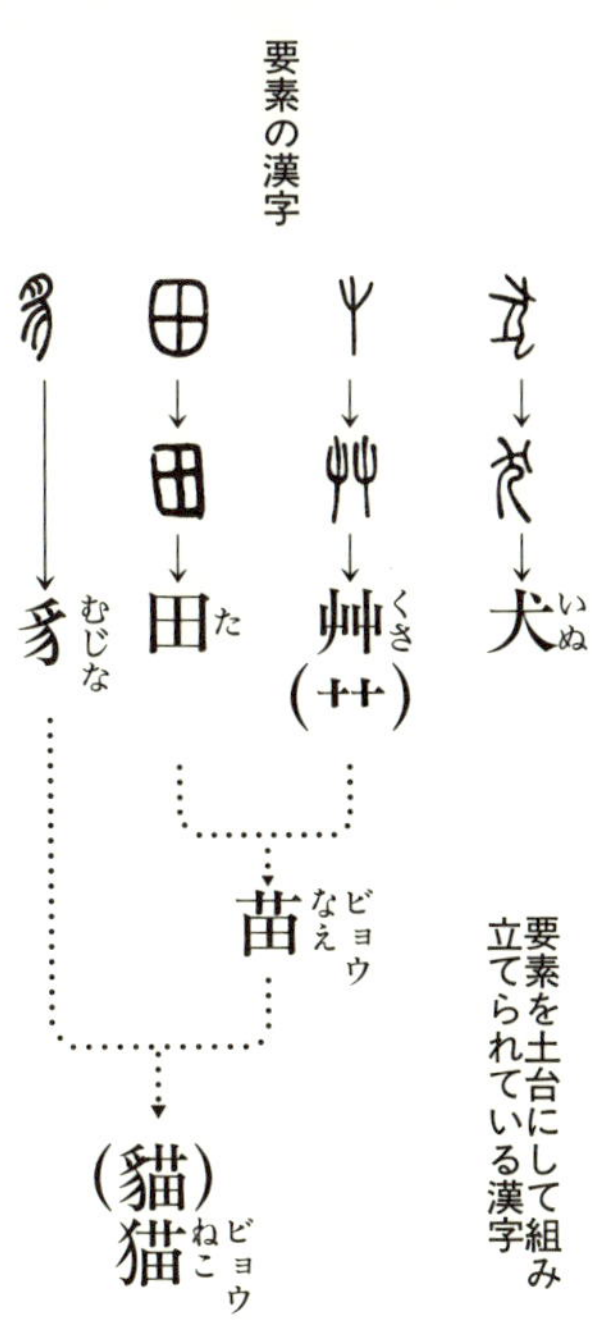

が、苗と猫とは意味のうえではなんの関係もない。では、なぜ、苗が猫の要素としてつかわれたのか？

苗のもつ「ビョウ」という音《おん》が古い中国語では猫をあらわしていた。「ビョウ、ビョウ」と鳴く猫の声から名づけられたのだろうともいわれる。

つまり、音《おん》が漢字づくりにひと役買っているのである。このときの音《おん》は、日本人にとってはまことにわかりにくく厄介なものなのだが、中国人にとっては日常つかいなれていることばである。そのことばを漢字にあてはめたのはむしろ当然といわなければならない。

さて、犬と猫の二つの漢字をとりあげただけでも、犬のように現実を絵のようにかたどってできた漢字(象形文字)と、その漢字を要素として組み立てられるあわせ漢字とがあることがわかる。

そのあわせ漢字は、さらに《田に植えるくさ=艸》のように要素の意味を生かして組み合わさるあわせ漢字(会意文字)と、その会意文字の苗《なえ》がもつ苗《ビョウ》という音を生かしてつくられるあわせ漢字(形声文字)との二つに分けられる。以下、その要素になる基本の漢字と、その要素の漢字をもとにして組み合わさる漢字のそれぞれの特徴をあげてみる。

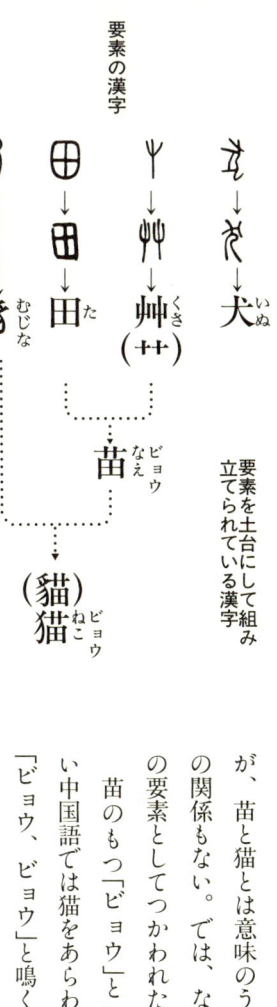

❶ 漢字構成の要素となる基本漢字

犬のように現実の姿をかたどってできた文字なので「かたどり文字」とか「象形《しょうけい》文字」とか、ときには「あわせ文字(複合体)」に対して「ひとえ文字(単体)」とよばれたりしている。

①しだいに象徴化されたいまの漢字

現実をかたどって具象的な映像をかきあらわしていた漢字は、その長い歴史のなかでしだいに抽象化がすすみ、現代ではすっかり象徴的な形であらわされるようになっている。

あるとき、象形文字の学習をしていた二年生の子どもが、「魚のなかにたんぼ(田)があるよ。でも、たんぼじゃないいんだよね」と言った。教師が「たんぼじゃなければなに?」ときくと、「魚のうろこ、魚のおなか」などと口ぐちに言ったという。

その話を聞いて私は、象徴化された現代字形を見た子どもたちが、古代文字をてがかりに現実の映像、つまり、その形のあらわしている意味をつかんでいるのだと思った。

いまから三五〇〇年まえ、中国の殷《いん》代につくられたといわれる甲骨《こうこつ》文字は、具体的にその映像をあらわしていた。それが楷書に近づくにつれ、抽象化がすすみ、ついには、たんぼの田も、胃ぶくろも、酒だるのはら(畐)もみんなおなじ形(田)になってしまった。

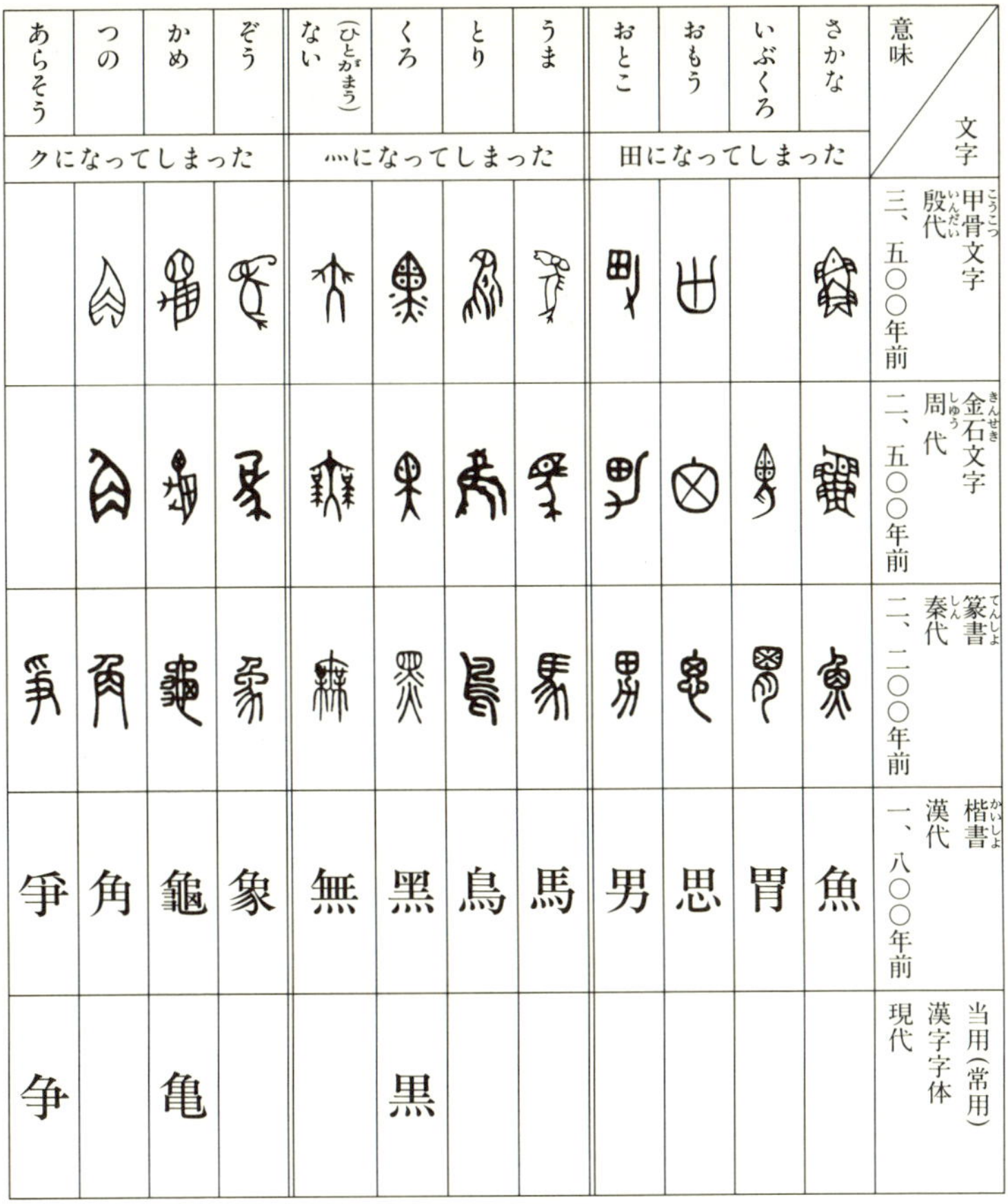

そればかりではない。魚の頭部をあらわしているかたかなの「ク」の形も、魚の尾ひれをあらわしていたよつてん「灬」の部分も、いくつもの同形の部分をもつ別の漢字ができてしまっているのだ。

(うえの「しだいに象徴化された図形」参照。)

私たちが取り組んだ「漢字がたのしくなる本」シリーズなどでいくつかの古代文字を対比するのは、象徴化されている現代字形ではつかみにくい意味を古代文字で補いたいからである。こうして象徴化されている現代字形、一見すると、無意味に見えるその一点一画にも、現実の映像とむすびついた意味がある、その意味をつかんでほしいからである。

さて、魚をクと田と灬に分けることはできるが、分けてしまえば《さかな》という意味はなくなってしまう。〝分ければ見つかる知ってる漢字〟というのは、複雑なあわせ漢字の構造をつかむための標語である。あわせ漢字の構造をつかむための学習なら、その単位になっている要素の漢字をこれ以上分けることは無意味なのである。分けてしまえば、そのあわせ漢字の構造を見失ってしまうからだ。このように要素の漢字とは、その形があるときは意味(義《ぎ》)をにない、またあるときは音《おん》をあらわして、すべてのあわせ漢字を組み立てている基本の単位になっている。

その要素の漢字をさらに分けると、「十の画」といわれるただの点と線になってしまう。このことについては、またあとでくわしく述べることにする。

②古代文字と対比してとらえる要素の漢字

私たちは、音声がさししめしている現実を、ふつう意味とよんでいる。たとえば、あしという二つの音節がさししめしている現実は、《人や動物の、胴から下にわかれ出て、からだを支え、また歩くのに使う部分のこと》である。

ところで、漢字ではその現実の、足跡《あしあと》の形をかたどって、それをもとにして、足や足のさまざまな動きまでも象徴的にあらわしている。

まず、足跡の形からできたといわれる象形文字「止《し》」の発生と、その後の変化を見てもらいたい。

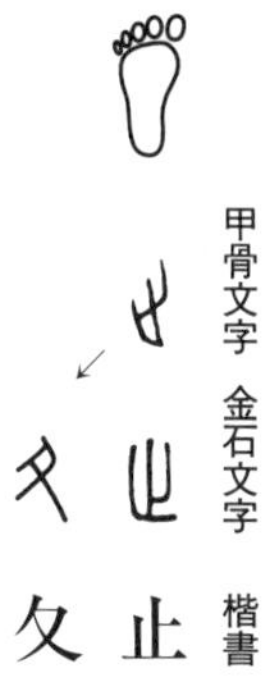
甲骨文字
金石文字
楷書
止
夂

足跡の形をあらわす止《し》は、いまの訓よみでは「止《と》める」となっている。けれど、漢字の形としては「止める」というせまい意味にはとどまらない。むしろ、足をはじめ、歩いたり、走ったりするさまざまな足の動きを象徴的にあらわす部分としてつかわれている。右図に示されている古代文字、甲骨文字（　）や金石文字（　）が、あるときは形を変えたり、また組み合わさったり、ときには逆さになったりして、足や足の動きをあらわす一連の漢字の構成要素として位置づけられている。

『一〇一漢字カルタ』の要素としての漢字のなかから、そのいくつかの例を次にあげてみよう。

「止《とめる》」は、甲骨文字（　）のU字形の部分がかかと、右上に伸びた矢印の部分が親指をあらわし、ここに力を入れて足を止めることを象徴的にあらわしている。

「足《あし》」は、下の部分が金石文字（　）の変形（　）で足型をあらわ

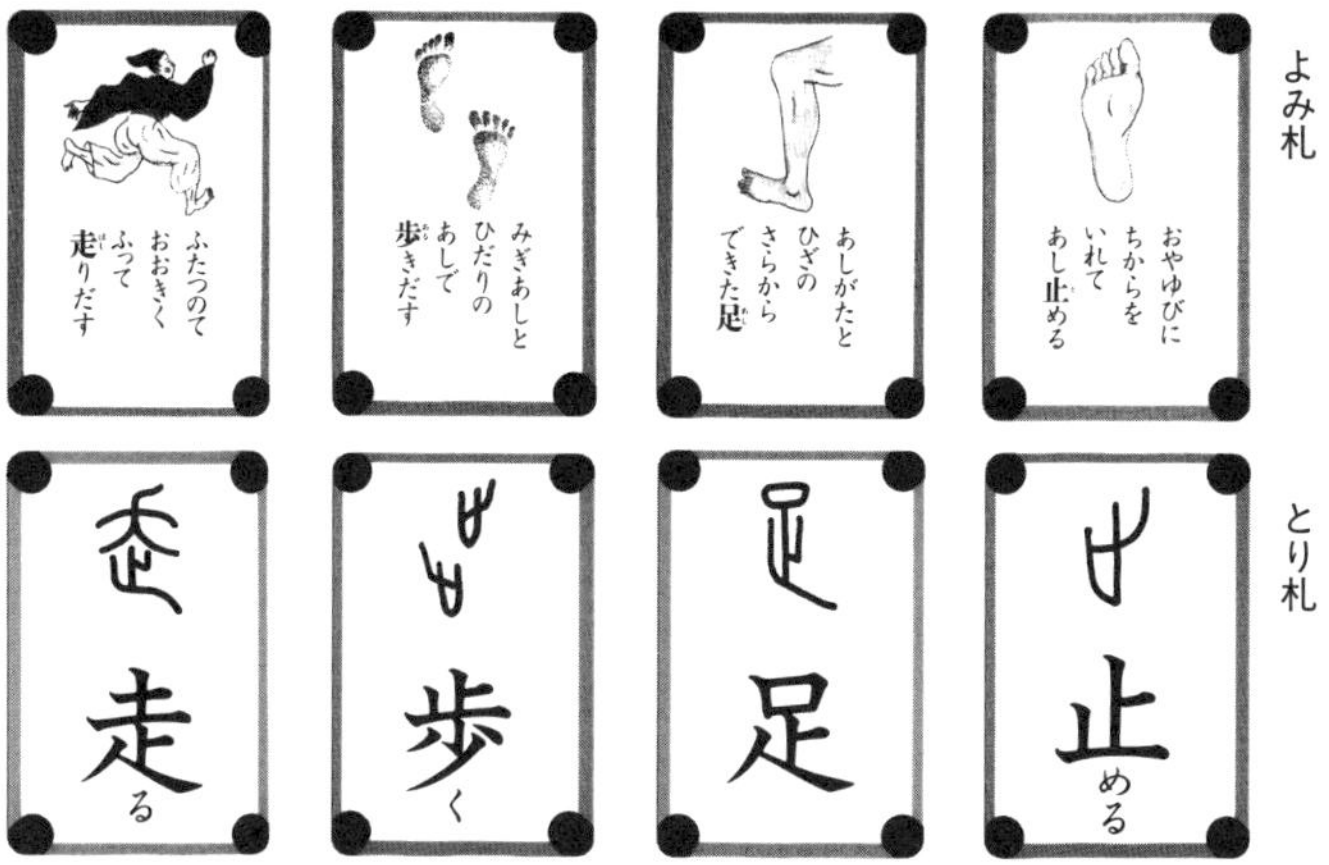
よみ札
おやゆびに
ちからを
いれて
あし止める
あしがたと
ひざの
さらから
できた足
みぎあしと
ひだりの
あしで
歩きだす
ふたつの て
おおきく
ふって
走りだす
とり札
止める
足
歩く
走る

し、上の矢印の口の部分が丸いひざがしらをあらわしている。したがって、ひざから下の、いわゆる足の全体を象徴的にあらわしている。

「歩《あるく》」は甲骨文字（）の足型が左右に二つついて、歩くという動きを象徴的にあらわしている。なお金石文字（）と楷書（歩）を現代字形（歩）と比べてみると、一画少ないことがわかる。

「走《はしる》」の現代字形は、その上部が簡略化されて土になっているが、古代文字では、大と足型である。そこで、大と𧾷を古代文字の形のままでしめすと同時に、「ふたつのて、おおきくふって走りだす」という短い文をつけて、その意味を補っている。

このようにして要素としての漢字は、その基本の形が現実とつながり、意味をあらわすようにつくられている。

●③要素の漢字は森羅万象をあらわす●

もともと漢字は、人や人の暮らしを中心に、それをとりまくすべての現実をうつしとってつくられたといわれている。その漢字の要素となる形だから、世の森羅万象《しんらばんしょう》をふくんで、その根幹をさししめすものごとをあらわしているのはむしろ当然のことかもしれない。

以下、次のそれぞれの分野にわたって、その現実をあらわしている要素の漢字をあげてみよう。

人のすがた　人、大、立、長、身……

手　手、寸、又、支……

足　止、足、走……
人のからだ　目、口、耳、毛、首……
人のよび名　母、女、子、王、士……
動物　犬、馬、羊、貝、魚……
植物　木、竹、米、生……
自然　日、月、雨、水、火……
建物と町　戸、門、至、穴、行……
道具　弓、矢、刀、糸、衣……
神・ことば　示、音、言、工……

このように並べてみると、要素の漢字は辞典に並べられている部首とほとんど変わっていないことに気づかれると思う。

いま、この要素の漢字を偏《へん》や旁《つくり》にかえ、たとえば、人は亻(にんべん)、𠆢(ひとやね)、儿(ひとあし)に、水は、氵(さんずい)、氺(したみず)などに形を変え、画数順に並べかえれば、辞典の部首索引にそっくりかわってしまうにちがいない。

その部首の分類や性質については、後の部首の項であらためてとりあげる。ここでは、要素の漢字が、その形を縮ませて、あるいは変形させて、あるときは意味をになって、またあるときは音をあらわして、あわせ漢字の要素となることに目をとめていただきたい。

そして、大切なことは、一九四五字といわれる常用漢字の大部分一七〇〇字（八七・四パーセント）を占めるあわせ漢字は、わずか二〇〇字程度の要素の漢字から組み立てられているということである。

❷ 要素の漢字がつくるあわせ漢字

現実の姿をうつしとってできた要素の漢字は、いずれも、その形を中心に、その形があらわす意味（義《ぎ》）と音《おん》を固有しているといわれている。

たとえば、「止《し》」という漢字は、足跡をうつした止（、）という形を中心にして、中国語の音声をうけつぐ止《し》という音《おん》をもち、止（あし、とめる）という義（意味）をかねそなえている。

ところで、「止《と》める」という漢字がはじめに差しだされるとき、日本語では止《と》めるという訓よみがそのまま意味をあらわし、同時に日本語としての音《おと》もあらわしている。だから、中国語をうけついだといわれる止《シ》という音《おん》は、内在してはいるが、表面に出てこないのでふつう意識されることはない。この音《おん》が表面にでてくるのは、あわせ漢字とくに音をもとにして組み合わさる形声文字を学習するときである。

おなじあわせ漢字でも、意味をてがかりに組み合わさる会意的なあわせ漢字では、要素の漢字がもっている音に気づくことはほとんどない。たとえば、田《た》と力《ちから》が組み合わさるとき、田《デン》と力《リョク》の双方の音《おん》はすてさられ、意味を生かして耕作する人（おとこ）をあらわす男《ダン》という音《おん》にかわる。このとき、田《デン》と力《リョク》の音がすてさられたことに意識がむけられることはほとんどない。

漢字音が意識してとりあげられるのは、音をてがかりに組み立てられるあわせ漢字、形声文字の構造に目が向けられたときである。たとえば、生《セイ》という要素の漢字が音記号としてつかわれるとき、星《セイ》・性《セイ》・姓《セイ》・牲《セイ》……などの形声文字がつくられる。このとき、星《セイ》を組み立てる要素、部首になる日(にちへん)は意味を生かし音をすてている。そして生《セイ》は《草の生《は》えでる》という意味をすてて音を生かして組み合わさるのである。

次に足を中心にした要素の漢字が、その形をてがかりに、義《ぎ》(意味)をあらわしたり、音《おん》をあらわしたり、その双方をあらわして組み合わさったりしてあわせ漢字をつくる具体的な例をあげてみよう。

甲骨文字	金石文字	楷書
		止

要素の漢字、止《あし》の甲骨文字()を逆にした形から夂《チ》()という漢字がつくられる。夂《チ》は、足を逆さにした形で、《上から下へ降《くだ》る》という意味をあらわしている。この形()がもとになって、さまざまな漢字と組み合わさり、おなじ音やおなじ意味をもつ漢字がつぎつぎにつくられていった。

夂《チ》と夂《チ》で→夅《コウ》(くだる)　降《コウ》……
夂《チ》と口《サイ》で→各《カク》(いたる、おのおの)　客《カク》、閣《カク》、額《カク》、絡《ラク》、落《ラク》、酪《ラク》、略《リヤク》、路《ロ》……
口《イ》と夂《チ》で→韋《イ》(めぐるあし)　緯《イ》、圍《イ》(囲)、衛《エイ》、偉《イ》、違《イ》……
夂《チ》と丰《ホウ》で→夆《ホウ》(あう)　峰《ホウ》、縫《ホウ》、逢《ホウ》……

また、止《あし》の金石文字()の形がそのまま、あるいは変形したり、組み合わさったりして、次のような部首や音記号もつぎつぎにつくられていった。

◉部首につかわれるあし()の形

 止《シ》 止(とめへん) 正、歩、武、歳、歴……

 →疋(ひきあし) 旋、疎……

 →足⻊(あしへん) 距、跡、践、跳、踊、路……

 →走(そうにょう) 赴、起、越、超、趣……

彳《テキ》と止《シ》で→辶(しんにゅう) 近、返、追、送、道、通……

止《シ》と《タツ》で→癶(はつがしら) 発、登……

◉音記号につかわれるあし()の形

 止《シ》(あし、とめる) 止《シ》、祉《シ》、歯《シ》、此《シ》、紫《シ》、雌《シ》、企《キ》……

(一)と止《シ》で→ 正《セイ・ショウ》 正《セイ》、征《セイ》、政《セイ》、整《セイ》、症《ショウ》、証《ショウ》(證)……

止《シ》と人《ジン》で→先《セン》 先《セン》、洗《セン》、銑《セン》……

止《シ》と寸《スン》で→寺《ジ》 寺《ジ》、侍《ジ》、持《ジ》、時《ジ》、詩《シ》、特《トク》、等《トウ》……

❸ 三つのカルタで描きだすあわせ漢字

あし()の形を中心にした要素の漢字から、しだいに複雑なあわせ漢字をつくっていったすじみちを、三つのカルタ、『一〇一漢字カルタ』と『九八部首カルタ』と『一〇八形声文字カルタ』でたどってみよう。

『一〇一漢字カルタ』では「止《と》める」という訓よみの漢字を中心にする。そして足跡の絵と古代文字のつなが

りを短い文でまとめ、足跡のかかとと親指の形を象徴的にあらわして止《シ》という漢字ができたことを暗示している。

それに対して、『九八部首カルタ』では、おなじ絵とおなじ漢字を並べてはいるが、もう止《と》めるではない。止《シ》という漢字が止《とめへん》という部首になって、《足のうごきをあらわす》という意味をになう要素としてはたらいていることを説明している。そして、その要素の意味が反映している漢字と、その漢字の訓よみと配当学年、訓よみのない漢字には相当する意味を( )のなかに入れて補っている。

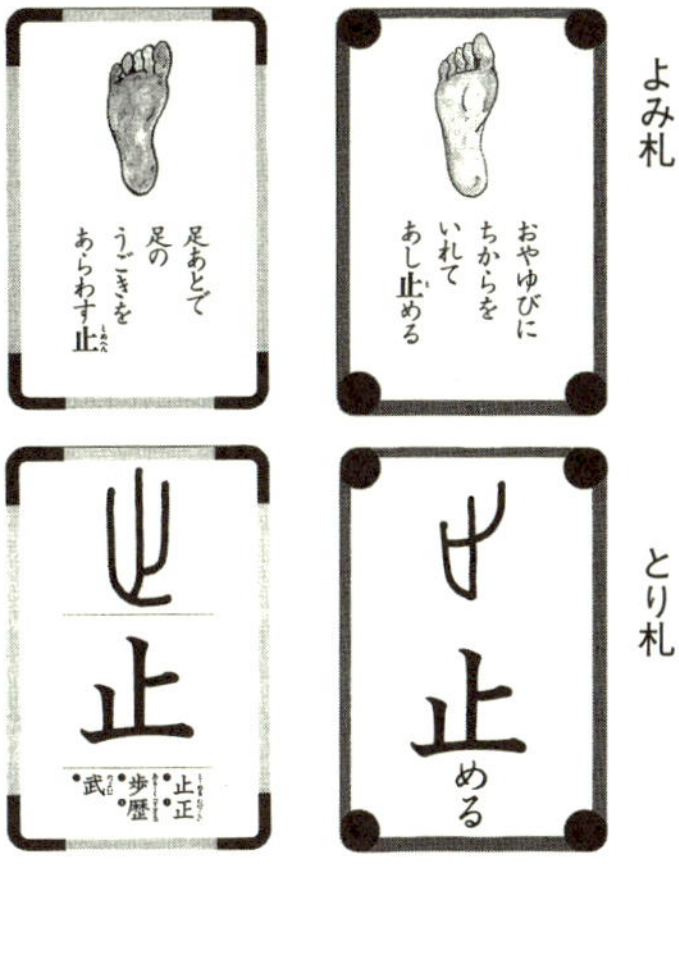
よみ札
おやゆびに
ちからを
いれて
あし止める
足あとで
足の
うごきを
あらわす止
とり札
止める
止
・止
・正
・歩
・歴
・武

こうして象形文字のほとんどは、部首という名のあわせ漢字の要素となっている。
『一〇八形声文字カルタ』では、音記号を中心にカルタがつくられている。
★その一つは、白《ハク》、交《コウ》、長《チョウ》……など、要素の漢字がそのまま音記号になって形声文字をつくるもの。
★二つめは、寺《ジ》、正《セイ》、各《カク》……など、要素の漢字が組み合わさったあわせ漢字が音記号になって形声文字をつくるもの。
★三つめは、韋《イ》、袁《エン》、氐《テイ》……など、現代では独立した漢字としてはつかわれない音記号が形声文字をつくるもの、などの三つに分けてカルタをつくっている。
そのうち、二つめの寺《じ》と、三つめの韋《い》が要素としての漢字、あし（　、　）の形に直接つながっているので、次にカルタの例としてさしだしてみる。

とり札には、音記号を大きく書いて、その音記号のもつ音のすべてをふりがなでつけくわえた。常用漢字の音訓表では、寺に認められている音は「ジ」だけだ。けれど詩には「シ」、待には「タイ」、特には「トク」、等には「トウ」の音が現在でも、それぞれ認められている。そこで、それらのふりがなをすべてまとめてつけたのである。寺という漢字には、それらの音が内在しているといったらいいかもしれない。現に古代中国では、寺に「ジ、シ、タイ、トク、トウ」の音があったことを『字統』では説明している。

よみ札

とり札

こうして、寺《ジ》、持《ジ》、詩《シ》、特《トク》、等《トウ》、待《タイ》は、それぞれの音を内蔵している「寺」という音記号でひとつながりに系列をつくっている。しかも、その寺《じ》は、もとは止《し》と寸《すん》というふたつの要素の漢字から組み立てられているのである。

寺(もつ、てら)

さて、よみ札は、その音記号と組み合わさって形声文字をつくっている部首をぬきだして、「にちへん(日)時間、てへん(扌)で持参……」のように、短い文のなかに歌いこんである。つまり、形声文字の構成要素である部首と音記号を対比させながら、短いリズミカルな文として差しだしているのである。

音記号の寺《じ》が、止と寸という要素の漢字からできているのとおなじように、部首の扌《てへん》は手から、亻《にんべん》は人から、言《ごんべん》は言から、⺮《たけかんむり》は竹から、彳《ぎょうにんべん》は行から、これらもすべて要素の漢字からできているのである。

さて、現代は独立した漢字としてはつかわれていない韋《イ》、袁《エン》、氏《テイ》……などは、はじめて見る形だし、独立した漢字ではないから意味もつかみにくい。もちろん訓よみもないので、とらえにくくやっかいな記号というべきだろう。

でも、これらの記号も分解してみると、すでに知っている要素の漢字があらわれてくる。

韋《イ》（めぐるあし）

まんなかの口《い》は城、その上下に左と右へ行くあしがあり、《城をめぐってまもる》意味があるという。

音記号の韋《い》は、要素の漢字・止《し》の甲骨文字（→）と、口《い》が組み合わさったあわせ漢字であることがわかる。口は、もともと口耳の口のほかに、お祈りのことばを入れる口《さい》や、まるくかこむものの意味で広くつかわれている。

さらに部首の亻《にんべん》（偉）は人、辶《しんにゅう》（違）は彳と止のあわせ漢字（辵↓辶↓辶）、行《ゆきがまえ》（衛）は行、糸《いとへん》（緯）は糸というように、いずれも要素の漢字からつくられていることがわかる。

現実の姿をうつしとってできた基本の漢字を、要素の漢字として説明してきた。要素の漢字は、現実をかたどってできたのでかたどり文字といったり、象形文字とよんだりしてきた。いったん、この要素の漢字ができると、あとの漢字はすべてこの要素の漢字を組み立ててつくられていった。あるものは、要素の意味を生かして組み合わさり、またべつのものはその音を生かして組み立てられた。

だからこそ、〝分ければ見つかる知ってる漢字〟なのである。

よみ札

にんべん（亻）偉人《いじん》で
しんにゅう（辶）違反《いはん》
人工衛星《じんこうえいせい》
ぎょうがまえ（行）

とり札

韋《イ・エイ》

偉人《いじん》・違反《いはん》
衛星《えいせい》・衛生《えいせい》
緯度《いど》

3 漢字を学ぶ六つのポイント

『一〇一漢字カルタ』と『九八部首カルタ』と『一〇八形声文字カルタ』という三つのカルタをつかって、たがいにつながりあっている漢字のシステムを概観してきた。

ここでは、漢字を学習するうえで重要な、漢字のシステムを形・音・義《いみ》によってつなぎ、支えている六つのキーポイントを具体的にとりあげてみたい。

❶――その形が現実の姿をあらわす基本漢字

「基本一〇一漢字」は、現実の姿をそのままうつしとったものだから、形そのものが現実とつながっている。私たちは、ことばや文字が指し示している現実を、ふつう意味とよんでいるから、基本の一〇一漢字は、その形そのものが意味をあらわしているといえる。

ただ、現代の字形は抽象化され、ときには簡略化されているうえに、その意味もずれていることがあるので、漢字がつくられたころの古代文字にさかのぼってみる必要がある。すでに『一〇一漢字カルタ』をつかって、足跡の形をかたどってできた「止《し》」を中心に足のさまざまな動きの漢字を説明した（三一ページ参照）。

『字統』によると、古代の人たちは現実に見える足跡の形から「止《(あし)》」や「歩《ある-く》」のような漢字をつくり、後に「止《し》」が「止《と-める》」という動詞にさかんにつかわれるようになったので、あしの形（）のうえに関節のさらをあらわす〇印をつけ、「足《あし》」がつくりだされたのだという。

したがって、これら足の動きをあらわす一連の漢字には、すべて足跡を抽象化したこの形（、）がつくことになるのである。

このように現実の姿をかたどってできた漢字は象形文字といわれ、また、単体の一次的な文字として「文《ぶん》」とよばれることもある。そして、とくに大事なことは、この象形文字が形・音・義を固有しているということであり、その形があるときは音《おん》をにない、あるときは意味をになって組み合わさり、つぎつぎに二次的なあわせ文字、「字《じ》」をつくっていくということである。

この「文《ぶん》」と「字《じ》」があわさって、「文字《もんじ》」になることはいうまでもない。つまり「基本一〇一漢字」は、すべての漢字を組み立てているおおもとの形「文《ぶん》」であり、〃分ければ見つかる知ってる漢字〃というのは、分ければこの基本漢字「文《ぶん》」が見つかるということである。

そして「字」をつくる頻度数の多い「文《ぶん》」を厳選したものが、「一〇一基本漢字」なのである。これをつかむことが、すべての漢字を把握する第一のキーポイントである。

❷——漢字を形づくる十の画

現実を絵のようにかたどってできた古代文字はしだいに抽象化され、簡略化されていった。たとえば、足跡のかかとや親指の曲線は直線に、足の関節のさらをあらわしていたマルは四角に変わっていった。

↓
足

こうして、具象的にかかれたわかりやすい字形は、書くために便利で能率的に書ける形に変わっていった。そしてついに漢代の末(西紀二〇〇年)、すべての漢字は次にあげる「十の画」で書きあらわせるという画期的な字形が完成した。これが現代もなお使われつづけている楷書《かいしょ》である。

次にあげる十の線や点やかぎが「十の画」である。

①—よこ線………一　二　子　石　下　大
②—たて線………｜　上　川　水　十　月
③—ななめ線……ノ　人　矢　八　池　足
④—かくかぎ……┐　口　月　五　山　七
⑤—ななめかぎ…フ　水　力　子　弓　台

⑥—てかぎ………亅　手　子　家　学　教
⑦—つりばり……乚　児　毛　心　色　先
⑧—くのじ………く　女　糸　母　紙
⑨—あひる………乀　九　氣　風
⑩—てん…………、　犬　下　小　虫　雨

この「十の画」が第二のキーポイントである。

❸——漢字は組み合わさるとき形を変える

漢字のほとんどはあわせ漢字である。『字統』によって調べてみると、一九四五字の常用漢字のうち、五〇〇字(二五・七パーセント)が会意文字で、一一六七字(六〇パーセント)が形声文字である。合計一六六〇字(八五・七パーセント)があわせ漢字なのである。

そのあわせ漢字のもとになっているのが、現実の姿を絵のようにかたどった「基本一〇一漢字」を中心にした象形文字である。いわゆる「文《ぶん》」である。

その基本の漢字「文」が組み合わさるときは、例外なく、縮んだり、一部分が変わったり、省略されて欠けたり、思わぬ形に化けたりする。

止──→歩、此(縮む)
足──→路(変わる)
鳥──→島(欠ける)
手──→持(化ける)

たとえば、止が組み合わさるとき、歩はたてが縮んで平たくなり、此はよこが縮んで細長くなる。

足が路になるとき、足は、縮んで細長くなると同時に、終わりのななめ線の方向が変わり、⻊(あしへん)の形となって組み合わさる。

鳥が島になるとき、鳥のよってんが省略(欠ける)され、そこへ山が縮んではいりこむ。

手が扌(てへん)になるときは、思いもかけぬ化けたような形にかわる。けれど、古代文字にさかのぼってみると、その理由がわかる。そしておおくの場合、縮んだり、変わったり、欠けたりする変化は複合しておこっている。

漢字が組み合わさるときには、このように「もとの形が変化する」ということを知らないと、少数の基本漢字と、大多数のあわせ漢字のつながりがつかめない。せっかく複雑な漢字を分解しても、そのばらばらの漢字のかけらをもとの漢字に復元する力がなくては、「分けても知ってる漢字は見つからない」のである。

組み合わさるときの変化がつかめれば、変化した形を復元することができる。それができれば、少数の基本漢字と大多数のあわせ漢字をつなぐ大きな力になるのである。

これが第三のキーポイントである。

❹ その形があらわす意味でつながっている部首

基本漢字の止《シ》が部首となるときは、止（とめへん）と名付けられ、ふつう左に偏《かたよ》せられてたて長の形となり、最後のよこ線は下から上にはねあがるななめ線に変形する。

それと同時に、止《シ》はたんに《足をとめる》という狭い意味ではなく、広く《足の動きをあらわす》意味をになって、その部首に属する漢字を統括する形となる。

カルタでは下図のようなよみ札ととり札をつくっている。

止（とめへん）の部首に属する漢字は、次のように「足の動きをあらわす」という意味を共有している。

よみ札　とり札

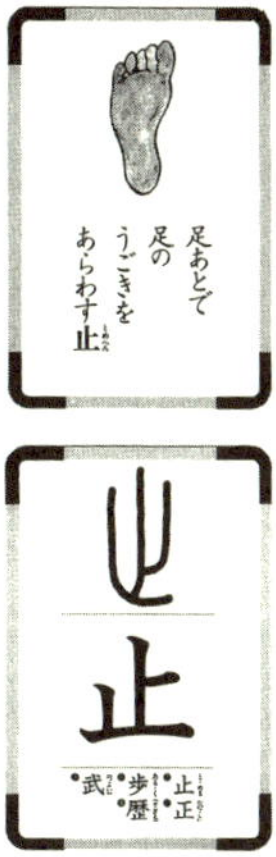

足あとで
足の
うごきを
あらわす止
止
止正
歩歴
武

止《シ》《とめる、止（あし）をとめる。》

正《セイ》《止（あし）で進んで従わぬものを正《ただ》す。》

歩《ホ》《左右のあし（止）を出してあるく。》

歴《レキ》《止（あし）で、通りすぎる。》

武《ブ》《戈（ほこ）をかついで止（あし）で進む。》

歳《サイ》《戉《えつ》（まさかり）で犠《いけにえ》をさく。年に一度の祭。》

共通な形でつながる部首のなかには、例外もあるが、そのほとんどは形だけでなく、意味のうえでもこのようにつながっている。

そして、『九八部首カルタ』のなかには五三字の「基本一〇一漢字」がふくまれる一方で、一六七一字の漢字がここに属しているということになる。

一六七一字というのは常用漢字一九四五字の八六パーセントにあたる。つまり、九八の部首は、「基本一〇一漢字」と、常用漢字の大部分をつなぐ重要な役割をになっているのである。

これが第四のキーポイントである。

❺——わかりにくい漢字の音《おん》

漢字の大部分は形声文字だといわれる。その形声文字は、漢字の音がてがかりとなって組み立てられている。ところが、その漢字の音はもともと中国語をうけついだものだから、日本人にとってはまことになじみにくい。

訓よみなら雨《あめ》、木《き》、人《ひと》、山《やま》……など一年生でもわかるやさしいことばが、いったん音よみになると、とたんに扱いにくい難解なことばになってしまう。

雨水《うすい》、木材《もくざい》、人類《じんるい》、山脈《さんみゃく》……など、結びついて漢語をつくる相手の漢字のむずかしさもあって、いっそう理解しにくいことばになってしまう。

こういう漢語のふりがなは、しばしば子どもたちのまちがいをさそい、それは漢字が読めないと評価されることになる。

中国語の音をうけついだ漢字音は、しだいに日本語の音節になじみ同化されていったが、旧かなづかいと現代かなづかいを並べると、その移りかわりのようすがよくわかる（古代中国音の例は『学研漢和大字典』学習研究社から引例）。

漢字	古代中国音	旧かなづかい	現代かなづかい
鳥	teu	テウ	チョウ
蝶	dep	テフ	チョウ
町	t'eŋ	チヤウ	チョウ
徴	tiəŋ	チヨウ	チョウ

一つの音	①短い音	雨《ウ》 火《カ》 気《キ》 五《ゴ》 左《サ》
	②拗音	車《シャ》 手《シュ》 女《ジョ》
	③長音	右《ユウ》 王《オウ》 空《クウ》 口《コウ》 正《セイ》
	④拗長音	九《キユウ》 休《キユウ》 十《ジユウ》 小《シヨウ》 虫《チユウ》
二つの音	⑤二つめがイでおわる	水《スイ》 大《ダイ》 貝《バイ》
	⑥二つめがンでおわる	円《エン》 音《オン》 金《キン》 犬《ケン》 山《サン》
	⑦二つめがチでおわる	一《イチ》 七《シチ》 八《ハチ》 日《ニチ》
	⑧二つめがキでおわる	赤《セキ》 夕《セキ》
	⑨二つめがツでおわる	月《ゲツ》 出《シユツ》 立《リツ》
	⑩二つめがクでおわる	学《ガク》 玉《ギヨク》 足《ソク》 竹《チク》 白《ハク》

こうした変遷を経て、すべての漢字音は、現代では右表のような一〇の特徴をもつ漢字音に集約されてしまっている。

形声文字を組み立てるてがかりになる、この漢字音になじませること。これが第五のキーポイントである。

❻——その形があらわす音でつながっている形声文字

「止《し》」という漢字は、⽌（とめへん）という「足の動きをあらわす」部首としてつかわれるだけでなく、止《シ》という音を生かして形声文字の音記号としてもつかわれている（①～⑥、中①～③は配当学年、×印は常用漢字以外）。

②止《し》（とめる）　中①祉《し》（さいわい）　×趾《し》（あしゆび）　×址《し》（あと）　③歯《し》（は）

歯《は》のような例外もあるが、音記号の止《し》をとりだすと、残りは部首となるのがふつうである。つまり、漢字の大部分を占める形声文字は、こうして音記号と部首とで法則的に組み合わさっているのである。

試みに、さきにとりあげた⽌（とめへん）の部首に属する漢字を横に並べ、その漢字と共通な音記号をもつ漢字を縦に並べてみると、次のような表ができる。

止《とめへん》の部首に属する漢字
　　　　　　　　　　　　　　　　⇠
②止《し》（足をとめる）↓　中①祉《し》（さいわい）　×趾《し》（あし、ゆび）　×址《し》（あと）　③歯《し》（は）

①正《せい》（ただす）↓　中②征《せい》（ゆく）　⑤政（まつりごと）　③整（ととのう）

①正《しょう》 → 中②症《しょう》（やまい）　⑤証《しょう》（あかし）　×鉦《しょう》（かね）
④歴《れき》（すぎる） → 中②暦《れき》（こよみ）　×瀝《れき》（こす）　×轣《れき》（車の音）　×靂《れき》（雷の音）
⑤武《ぶ》（つよい） → 中③賦《ふ》（おさめる）

こうした形声文字は、原則として同形同音の音記号が核になって組み立てられている。それをつかむのが、第六番目の、そして最後のキーポイントである。

以上、述べてきたように、私たちの漢字学習の方法のねらいは、たんにたくさんの漢字を覚えこませるためのものではない。むしろ、なるたけ少ない漢字で、その少ない単体の漢字「文《ぶん》」がもとになって組み立てられているたくさんの漢字の、そのつながりや構造のおもしろさ・みごとさに気づいてもらいたくてつくったものである。

何千何万という漢字も、そのおおもとはわずか二〇〇字か、せいぜい三〇〇字足らずの単体の漢字の組み合わせによってつくられている。その形を中心にして、その義《いみ》や音でつながる組み合わせの法則を一つ一つ説きあかしていけば、それはきっと子どもたちの興味をさそい、知的好奇心をかきたてるにちがいない。

そうは言っても、三千年以上もの長い歴史をもつ漢字の世界は、私たちには不可解なところがまだまだたくさんあり、私たちの生半可な知識や経験ではいたるところで破綻をひきおこすかもしれない。

そんな危惧をもちながらも、あえて世に問うつもりになったのは、この「漢字がたのしくなる本」シリーズが子どもたちのまちがいや発見をてがかりに教育現場での授業のつみ重ねから生まれたものであり、その方法が白川静先生の『字統』を中心に発表された漢字学の方向に照らしてみても逸脱してはいない、なによりこの方法と手順に従えば、だれでも納得できてそれぞれの漢字や漢字のしくみが楽しく学習できるにちがいないと確信したからである。

楽しくなければいい授業ではないし、楽しくなければいい学習でも、いい学校でもない。そんないい授業づくり、学習づくり、学校づくりにぜひ役立てていただきたい。

そんな願いをこめてつくったのが、この「漢字がたのしくなる本」シリーズである。

◉Ⅱ章◉
一〇一基本漢字と十の画

1　一〇一基本漢字

どんなにすぐれた教材でも、どんなに完璧にねりあげられた授業案でも、そのときの教室の子どもたちの心境や反応を無視した授業はおしつけになり、やがて子どもたちの気持ちは離れてしまうにちがいない。長い教師生活のなかで、私は何度もそういった苦い経験をつんできた。そして、そうした従来の教え主義をなんとか克服したいものだとも考えてきた。

私たちは、この「漢字がたのしくなる本」シリーズを編集する過程で、漢字がそれ自身の誕生や構造のなかに子どもたちの興味をひきつける人の営みに裏づけられたいくつもの法則性やエピソードをもっていることに気がついた。そしてそれをうまく利用したさまざまな遊びやそれにつながる練習があることも発見してきた。

こうした遊びをつぎつぎに展開していけば、きっと子どもたちの興味をひきつけ、漢字に対する関心が高まり、従来の教え主義を克服できるにちがいないと確信するようになった。

『字統』によれば、《「遊《ゆう》」とは「斿《ゆう》(はた)がもとの字で、氏族が旗を立ててあちこち自由に旅をしたように、すべて自在に行動し、移動する意味である》という。

興のおもむくままに、カルタで自在に遊ぶうちに、漢字の発生やその構造の秘密がしぜんに会得できるようにしたい。私たちは、そんな願いをこめてこのシリーズを編集してきた。

ここでは、『一〇一漢字カルタ』に載せられている基本漢字とはどんな漢字で、それをどのようにして選んだのか、また一〇一基本漢字の大部分を占める象形文字、その形・音・義を固有するといわれる性質・特徴について述べることにする。

❶――こうして一〇一漢字を選んだ

一〇一基本漢字を選んだ最初は、漢字ぎらいな子どもたちにもなんとかして漢字学習に取り組んでもらいたかった。そのためには、そうした子どもたちにもかんたんに取り組めそうな一、二年に配当されている漢字をとりあげ、「できた!」という喜びをまずひきだすことだと思った。

そこで、次のようないくつかの基準によって、最初のひとまとまりの漢字を一〇〇程度と考えて選んでいった。

まず、一、二年生に配当されている漢字であること、画数が少なく、子どもたちのよく知っている日常語をあらわしている漢字であること、ものごとを絵のようにかたどってできたことが説明できるかたどり文字(象形・指事文字)であること、水(氵《さんずい》)や人(亻《にんべん》)や手(扌《てへん》)などのように、部首になって他の漢字の部分としてもつかわれる頻度《ひんど》数の多い漢字であることなどの条件を満たす漢字がいいと考えた。こうして、これらの条件をほぼ満たしている次の一〇一漢字を選んだのだった。

◉画数別に並べた一〇一漢字（①〜⑥、㊥は配当学年、＊印は部首。）

一画　*①一……（1字）

二画　*①力　*①人　*②刀　*①二　①七　*①八　①九　*①十　*①入……（9字）

三画　*①口　*①子　*①女　*①山　*①川　*①土　*②弓　①三　①千　②万　*⑥寸　①上　①下　*①大　*①小……（15字）

四画　*①手　*②毛　*②心　*②父　*①王　*①犬　*②牛　*①木　*①水　*①日　*①月　*①火　*②戸　①五　①六　⑥尺　①中　*②止　②少……（19字）

五画　*①目　*②母　*③皮　*①石　*①田　*⑥穴　*②矢　*③皿　①四　①本　*①玉　*①立　*⑤示　*①生　①出　*①白……（16字）

六画　*①耳　*②羽　*①虫　*③羊　*②肉(月)　*②米　*①竹　*①糸　*㊥舟　*④衣　①百　②回　②交　②考　②多　*②行　③向……（17字）

七画　*①足　*①貝　*②角　*②麦　*③豆　*①車　*②走　①来　*②言……（9字）

八画　*①雨　*①金　*②門　②歩　*①青　*②長……（6字）

九画　*②首　*②風　*①音　*②食……（4字）

十画　*②馬　②書　*②高……（3字）

十一画　*②鳥　*②魚……（2字）

この一〇一漢字をさきに挙げた基本漢字としての条件に照らしてみると、一、二年の配当漢字は九〇字に達し、一〇一漢字の大部分を占めている。そして、三年以上の配当漢字は、次のようにそのほとんどは使用頻度数の多い部首である。

*皮③　*皿③　*羊③　*豆③　向③　*衣④　*示⑤　*寸⑥　*穴⑥　尺⑥　*舟㊥

なお、一〇一漢字中の七六字は部首であり、この七六部首に属する漢字は一三三七字になり、常用漢字全体のほぼ七〇パーセントにあたる。

また、画数の多い十画以上の漢字はわずか五字であり、一〇一漢字の大部分九六字は九画以下の画数の少ない漢字で占められている。

こうして一、二年の配当漢字を中心にして選んだ一〇一漢字なら、「漢字なんか大きらいだ！」と言っている子どもたちでも親しみやすく学べるのだった。

「よくできたね。あと五つで百点になるよ。ほかのもっとむずかしい漢字だってこの一〇一漢字がもとになって組み立てられているんだからね」

こんな励ましのことばが、それまで見向きもしなかった漢字の練習に取り組むきっかけになったりもした。

つまり、漢字ぎらいな子にもくみしやすい画数の少ない、やさしい漢字は、漢字発生の歴史からみても、複雑な漢字の構造から考えても、漢字の義《（いみ）》や音《おん》の要素をあらわす基本の形だったのである。

❷ 基本一〇一漢字の特徴

基本一〇一漢字としたのは、とくに深い意味はない。たぶん一〇〇くらいの数が最初にあつかうひとかたまりの数として適当だろうと考えただけで、九九でも、一〇三でもかまわない。たまたま一〇一という数がおもしろかったので、そうしたにすぎない。

この一〇一漢字のうち、七六字は部首になる漢字だし、九〇字は一、二年の配当漢字だし、九六字は九画以下の画数の漢字だから、たぶんだれが選んでも七〇字ぐらいまではほとんど変わらないだろう。

残りの三〇字ほどが基本漢字としての条件をそなえているかどうか疑問に思った漢字であり、毎年、とっかえひっかえした対象になった漢字であり、選ぶのに苦労した漢字でもある。それだけに逆に基本一〇一漢字とした特徴もこの三〇字ほどのなかにこめられてもいる。次に、そのいくつかを挙げてみる。

①高学年の配当漢字もとりあげた

四年以上の高学年に配当されている漢字でも、重要な部首と思われる漢字はとりあげた。部首になる漢字のほとんどは次ページ表のように絵をかたどった象形文字であり、単体の漢字でもあるからだ。

たとえば、おなじ「ふね」という訓よみの漢字は「船《せん》」と「舟《しゅう》」の二つがある。船《せん》は小学校二年の配当漢字だが、その造字法は部首の「舟《ふねへん》」と音記号の「㕣《えん・せん》」が組み合わさった形声文字である。

絵	古代文字	楷書	よみ札
		㊥舟《ふね》	みずにうく いたでかこんだ 舟のもじ
		④衣《ころも》	きものきた えりのかたちの 衣《ころも》のじ
		⑤示《しめ》す	かみさまの おられるところ さししめす
		⑥寸《すん》	てのつけね みやくうつところの 一寸(三センチ)
		⑥穴《あな》	おおむかし すむいえにした 穴《あな》のもじ

それに対して、中学校一年の新出漢字「舟《しゅう》」は、実物の「ふね」の形をそのままかたどった象形文字であり、単体の漢字だから古代文字をなかだちにして「ふね」の絵をつなげてやれば、その漢字から実物の映像をたやすくえがくことができる。つまり、字形からその意味をかんたんにつかむことができる。しかも、その形は部首となって「ふね」の範疇《はんちゅう》に属するたくさんの漢字をあらわすことになる。

そんなわけで、四年以上の高学年に配当されている漢字のなかからも、基本漢字としてつけ加えたのだった。

● ②基本語彙なのでとりあげた ●

数字をあらわす漢字のうち、一、二、八、十などは単体の指事文字であり、部首としてもつかわれるので基本漢字の条件をそなえている。けれど、数字のなかには音《おん》だけを仮《かり》に借《か》りたという仮借字《かしゃ》(五《ご》・六《ろく》など)や、形声文字(千《せん》など)がまじっていたりする。

そのいちいちを穿《せん》さくするとかたくるしい文字論になってしまうので、ここでは一、二、三、四、五、六、七、八、九、十、百、千、万などの数字に、昔の単位をあらわす寸や尺を加え、一括して基本語彙《ごい》としてと

絵	古代文字	楷書	よみ札
		①五《ご》	十までの まんなかの かずは五
		①六《ろく》	もともとは テントのかたち 六となる
		①千《せん》	おおぜいの ひとのあつまり 千《せん》のもじ
		①音《おと》	みみをすまし かすかにひびく 音《おと》をきく
		②言《い》う	かみさまの まえでちかって ものを言《い》う

りあげることにした。
また、字源をおなじくする「音《おん》」や「言《げん》」も省略をふくんだ複雑な会意文字だが、どちらも一、二年の配当漢字でもあり、使用頻度数の多い部首になる漢字なので、造字法にこだわらずに基本語彙として基本漢字につけ加えることにした。

●③名詞と動詞、形容詞のちがいを扱うために●

子どもたちに最初の漢字をさしだす段階で、まずひらがなとちがう漢字の性質をとりあげなければならない。

それは、語彙的な意味をあらわす漢字と、音節文字でありながら文法的な役割をになってはたらくひらがなの相違に発展するはずである。

その基本をとりあげ、漢字だけでは書きあらわすことのできない日本語の文の特徴をつかんでおかなければならない。そのためには一〇一漢字のなかに動詞や形容詞としてつかわれる漢字も用意しておかなければならない。そこで、七六字の名詞のほかに一七字の動詞と八字の形容詞をつけ加えた。

このなかには、「立つ、食べる、生む」などの動詞や、「大きい、小さい、高い」などのように、低学年の配当漢字で部首にもなっている基本漢字としての条件をそなえている漢字もあるが、「向く、歩く、書く」などの会意文字や、「考える、青い」などの形声文字もはいっていて、そのほとんどは部首ではない。

これらは基本漢字とは言いにくい。けれど名詞とちがう用言の送りがなの用例のためには、この程度の漢字がぜひとも必要だった。漢字の文法的なちがいをあつかう基礎として、これらの漢字を基本漢字として選んだのである。

●④重要な部首だが、基本漢字から除外した●

造字法からいっても、部首としてつかわれている頻度数からいっても、基本漢字としての条件を十分にそなえている漢字でも、いまの日本語の、日常語としてつかわれていない漢字は基本漢字からは割愛した。

たとえば、「又《ゆう》」である。又《ゆう》は「また」という訓よみをもっているが、これは又《ゆう》の字源である「みぎて」の意味をあらわしてはいない。常用漢字にはいってはいても、又《ゆう》という音《おん》は認められていないし、又《また》《そのうえ、再び》という意味でつかわれる使用率は低い。

また、「夕《せき》」は、「ゆう」という訓よみをもつが、夕《ゆう》が単独でつかわれることはふつうない。夕方とか、夕飯とか、夕暮れなどのように、ほかのことばをともなわないと使われない独立性の少ない漢字である。訓よみにはめずらしい特殊な使い方である。

さらに「自《じ》」は、字源的には鼻《はな》をさし、鼻のもとの字だといわれ、部首にもなっている。けれど、現在では「みずか-ら」というやや文章語的な古めかしい訓よみしか認められていない。

そして「工《こう・く》」には「たくみ」という訓よみがあるが、常用漢字では認められていない。たとえ認められたとしても「たくみ」という古いことばではわかりにくい。

これらの漢字は、その造字法からいっても、単体で部首になるその使用頻度数でも、十分に基本漢字の条件を満たしているが、現代語として一年生の子どもたちにつかみにくい漢字なので、基本一〇一漢字からは割愛した。

しかし、こうした重要な部首はすぐこのあとのシリーズ2『一二八字のあわせ漢字』やワーク2『一五九字のあわせ漢字』でとりあげている。また、さらにシリーズ3の部首の項でもう一度とりあげることになる。

2　漢字の字形と十の画

漢字は、かな文字やローマ字などの表音文字とちがって形・音・義の三要素をかねそなえている表意文字であり、その中心になるのは形である。

その形が、あるときは義《いみ》をさししめして漢字のつながりをあらわし、またべつのときには音をあらわしてつながり、それぞれのあわせ漢字をつくっていく。そして、そのおおもとになるのが、形・音・義を固有して、さまざまなあわせ漢字を生みだしていく一〇一漢字であり、その一〇一漢字の形である。

ところが、現実の姿をうつしとって象徴的にえがかれた古代文字は、時代がすすむにつれてしだいに抽象化がすすみ、なだらかにえがかれた曲線は直線化し、象徴的にえがかれた形は類型化していった。

たとえば、魚の頭や腹やうろこやひれを絵のようにかたどっていた曲線は、しだいに直線や点や角ばったかぎ形に変化し、ついに漢代の末（一八〇〇年まえ）、現代もなおつかわれている字形、楷書が完成したのだという（I章「しだいに象徴化された漢字」二九ページ参照）。

魚は象形文字だから、これ以上分解すれば義をもつ漢字の単位はこわされてしまう。けれど、字形の構造を確かめるために、あえて分解してみると、上のクと、中の田と、下の灬の三つの部分に分解することができる。

こうして三つに分けてみると、子どもたちが「魚のあたま」といったクの部分は、別の漢字では象の頭でもあり、亀の頭でもあり、動物の角をあらわす部分でもある。

子どもたちが「魚のおなか」といった田の部分も、別の漢字では胃ぶくろであり、酒どっくりのはらにも、鬼のあたまにも、たんぼで働く男にもつかわれる形である。

そして、「しっぽだよ」といった灬も、別の漢字では馬の足にも、鳥のあしにも、象のしっぽにも、舞いおどる人の足やそでの飾りにもつかわれている形にもなる。

つまり、当初、個別に具体的に映像化されていた古代文字は、時代がたつとその形をしだいに類型化させていった。

そして、その単純化された字形は、すべて上表にみられるように十の画の組み合わせによって形づくられる、きわめてメカニックなしくみに発展した。

こうして漢代の末(紀元二〇〇年ころ)、楷書が完成したといわれている。

この十の画は、単純な基本の形から、数が少なく

【十の画と、その画の名】

(1)	①―よこ線	一	二 土 王 木 耳
	②―たて線	丨	川 木 水 牛 月
	③―ななめ線	ノ	人 矢 力 木 足
	④―てん	丶	犬 下 心 鳥 母
(2)	⑤―角かぎ	㇕	口 日 月 山 七
	⑥―ななめかぎ	フ	子 水 力 弓 皮
(3)	⑦―てかぎ	亅	手 子
	⑧―つりばり	㇄	毛 光 心
	⑨―くのじ	く	女 母
	⑩―あひる	㇈	九 風

まちがいやすい複雑な形まで混じりあっているので、次の三つに分けるとわかりやすく、あつかいやすい。

(1)基本の三つの線と点、(2)基本の二つのかぎ、(3)まちがいやすい四つのかぎ

次にそれぞれの特徴と、そのあつかい方のポイントについて述べてみる。

❶――基本の三つの線と点

基本の三つの線とは、よこ線(一)、たて線(|)、なため線(ノ)であり、それに点が加わって、四つの基本点画になる。

基本点画といってとりあげるのは、この点画ではとくに注意しなくても、画数を数えちがえることはまずないからであり、しかも、この四つの点画で組み立てられている単純な字形は、一〇一漢字のなかに四〇字ほどはいっているからである。

まず、この四〇字をとりあげて、画で組み立てられている漢字のしくみをつかませたいものである。

◉基本の三つの線と点で組み立てられている漢字

一画　一

二画　二、人、八、十、入

三画　川、土、三、千、寸、上、下、大、小

四画　父、王、犬、中、木、火、六、止、少

五画　矢、本、玉、立、示、生
六画　耳、羊、米、竹、行、交
七画　走、来
八画　歩、金

この四つの点画は、つかわれる頻度数も多く、形もバラエティーに富んでいる。三つの線に共通して長短があるが、とくにたて線には、はねる、とめる、ぬくなどの筆写の習慣上のちがいがあり、ななめ線と点には左右へ向かう方向のちがいがある。これらの点画は、いずれも「ひと息」で書くことができるので、画で組み立てられている漢字のしくみがもっともつかみやすいものである。

❷——基本の二つのかぎ

基本の二つのかぎとは角かぎとななめかぎである。角かぎがほぼ直角（┐）なのに対して、ななめかぎは鋭角（フ）である。そこがこの二つのかぎの違うところである。

この二つのかぎと、まえにあげた四つをあわせて六つの基本点画としてとりあげるほうがわかりやすいかもしれない。それなのに、とくに二つのかぎを別にしてとりあげたのは、「一息《ひといき》で書く」ことを強調したかったからである。点や線はとくに強調しなくても「一息で書く」ことができる。けれど、かぎのはいった漢字はじつにさまざまな書き方をする子どもがでてくる。

たとえば、お日さまの「日」を書くのに、「① ｜ ‖ 冂 冃 日」と書いたり、「② ㇄ 口 日」と書いたりする。基本点画を知らされない子どもたちのなかには、まったく気ままに、自己流に絵や図のように書く子がでてくる。漢字を書けない子の多くが、漢字を画でとらえることができない。

そこで、漢字の習い初めのころ、漢字は点や線やかぎで組み立てられていること、その点や線やかぎのことをまとめて画《かく》ということ、画はどの画も「一息で書く」こと、その順序にはおよそのきまりがあることなどをとりあげるべきだろう。そうした漢字が組み立てられる画の意識を入門期に身につけないと、なかなか漢字が覚えられないということになる。

こうして、基本一〇一漢字の大部分（九二字）とカタカナのすべてが、この六つの基本点画から組み立てられていることを具体的に学習する。

◉六つの基本点画で組み立てられている一〇一漢字

一画　一
二画　力、人、刀、二、七、八、十、入
三画　口、山、川、土、弓、三、千、万、寸、上、下、大、小
四画　父、王、犬、牛、木、水、日、月、火、戸、五、六、尺、中、止、少
五画　目、皮、石、田、穴、矢、皿、四、本、五、立、示、生、出、白
六画　米、竹、耳、羽、虫、羊、肉、舟、衣、百、回、行、交、向、考、多
七画　足、貝、角、麦、豆、車、走、来、言

八画　雨、金、門、歩、青、長
九画　首、音、食
十画　馬、書、高
十一画　鳥、魚

【六つの画で組み立てられている「かたかな」】

かたかな＼画	よこせん	たてせん	ななめせん	てん	かくかぎ	ななめかぎ
	一	｜	ノ	、	㇕	フ
ア			2 ノ			1 フ
イ		2 ｜	1 ノ			
ウ		2 ｜		1 、		3 フ
エ	1 一 3 一	2 ｜				
オ	1 一	2 ｜	3 ノ			
カ			2 ノ			1 ㇆
キ	1 一 2 一	3 ＼				
ク			1 ノ			2 フ
ケ	2 一		1 ノ 3 ノ			
コ	2 一				1 ㇕	

（以下略）

このように六つの基本点画が中心になってほとんどの漢字は組み立てられている。ほとんどの漢字が組み立てられているということは、その漢字の画を省略してつくられた「かたかな」は、すべてこの六つの画で組み立てられているということにもなる。

漢字組み立ての基本が画とその書き順であるとすれば、漢字よりいっそう単純化し、ほとんど二画か三画でできている「かたかな」をとりあげるのが漢字の基本の練習としてもっとも適している。

「……カタカナは漢字の一部分であり、そこには書き順の大原則たる

(1)上から下へ　〔例〕ニ、ミ、ン、シ
(2)左から右へ　〔例〕ハ、リ、ソ、ツ
(3)ヨコからタテへ　〔例〕ナ、サ、ヤ、キ
などがすでに実践されているのである。……」（『角川漢和中辞典』貝塚茂樹ほか編）

❸——間違いやすい四つのかぎ

てかぎ(亅)、つりばり(乚)、くのじ(く)、あひる(⺄)の四つのかぎは、頻度数が少なく、漢字の初歩的な学習のなかではもっともつまずきやすい画になっている。一〇一漢字にも、次の数例しかない。

てかぎ　（亅）　手、子
つりばり（乚）　毛、心
くのじ　（く）　女、母、糸
あひる　（⺄）　九、風

これらの画は、数が少ないため、似ている頻度数の多いべつの画の形にひかれるまちがいが多い。

◉【誤字の例】（　）内は正しい字
てかぎ（亅）　×家（家）　×衆（衆）
つりばり（乚）　×兄（兄）　×光（光）

くのじ（く）　母（毋）
あひる（乀）　気（氕）　風（凬）

たとえば、こんなまちがい（只）を書いたとき、先生たちは、ふつう「もっとていねいに書きなさい」とか、あるいは、「そこはこう（＼）じゃあなくて、こう（L）だよ」と、手をとって教えてくださる。でも、子どもたちにしてみると、「ていねい」とは、具体的にどう書くのかわからない。「こう書くのだ」と言われても、書いたものが消されてしまえば、頭には「こう書く」という代名詞しか残らない。

つりばり（L）やななめせん（＼）という画の名を知っていれば、「そこはななめせん（＼）じゃなくて、つりばり（L）だよ」と指摘してやることができる。

書き順にしたがって画の名を挙げていけば、子どもたちは、その漢字の映像を書くまえに頭のなかにえがきだすことができる。

たとえば、「水」が四画でできていることを低学年の子どもたちに説明し、納得させることは意外にむずかしい。けれど、画の名を知っていればかんたんにできる。

「まず、まんなかにたてせんではねる。つぎにその左側にななめかぎ、つぎは右側の上から左へいくななめせん、さいごは右へいくななめせん。四つの画でできあがり」

こうすると、子どもたちの頭のなかには、画の形が書き順とともにつながっていき、漢字全体の映像ができあがっていく。もちろん、最初は板書によってその形を確かめなければならないが、一度、その形を確かめれば、あとはその形が消えても、画の形とその名が細かい漢字の部分までも鮮明に思い出させてくれるのである。

このように、画は、新出漢字を分解し、その構造をくっきりと浮かびあがらせてくれる。ただし、こうして画に分解する学習作業は、原則として一〇一漢字に代表される単体の漢字(象形文字)を中心とすべきであろう。

というのは、会意文字や形声文字などのような複合体の漢字を組み立てている単位は象形文字であり、その基本単位を十の画に分解してしまえば、形・音・義を要素として組み立てられているあわせ漢字の基盤を失ってしまうことになる。おまけに、たいへん複雑な画の組み合わせにとりくむことは、労多くして益少ないのである。

したがって、十の画の学習は、入門期に漢字が画で組み立てられているという意識をまず育てるために、原則として基本一〇一漢字を中心にした単体の漢字に限定したほうがいい。

単体の漢字は画数も少なく比較的とりあつかいやすいうえに、そのほとんどが部首になっているので、画数をつかった遊びに習熟した子どもたちは、各部首の画数を知らぬうちにそらんじることになり、漢和辞典をつかうときの有力な武器をしぜんに身につけることになるのである。

3　一〇一漢字の形と意味

❶ 一〇一漢字の文法的・語彙的な区分

一〇一漢字を子どもたちのまえに差しだすとき、日本語の文法にしたがって名詞・動詞・形容詞に分類し整理した。

初めて漢字を習う子どもたちには、日本語の文のなかではくっつき(助詞)をつけてつかわれる名詞と、送りがなをつけてつかわれる動詞や形容詞のあることをまずとりあげるべきだと考えた。それに、送りがなをつける動詞や形容詞よりも、そのまま単語をあらわす名詞をまずさきに差しだすべきだと思ったからだ。

その名詞は具体名詞と抽象名詞に分け、その具体名詞はさらに下位区分するほうがわかりやすいと思った。こうしてできたのが、つぎの表である。したがって、この表は全体としては文法的な区分をあらわし、下位区分した部分は語彙的な意味をあらわした群れをあらわすことになる。(①～⑥㊥は漢字の配当学年。＊印は部首。)

①―人　*①人、*①子、*①女、*②母、*②父、*①王、*①口、*①耳、*①手、*①足、*①力、*①目、*②首、*②毛、*②心……(15字)

②―動物　*①犬、*②牛、*②鳥、*①貝、*②角、*②羽、*①虫、*②馬、*②魚、*③羊、*②肉、*③皮……(12字)

③―植物　*②米、*①竹、*①木、*②麦、*③豆……(5字)

④―自然　*①山、*①川、*①雨、*②風、*①水、*①土、*①石、*①金、*①田、*⑥穴、*①日、*①月、*①火、*①音……(14字)

⑤―道具　*①糸、*②刀、*㊥舟、*②門、*②戸、*④衣、*②矢、*②弓、*①車、*③皿……(10字)　〈①―⑤は、具体名詞〉

⑥―数　*①一、*①二、①三、①四、①五、①六、①七、*①八、①九、*①十、①百、①千、②万、*⑥寸、⑥尺……(15字)

⑦―ことがら　①上、①中、①下、①本、*①玉……(5字)　〈⑥―⑦は、抽象名詞〉

⑧―動き　*①立つ、②回る、*②食べる、*②行く、*②止める、②交じる、③向く、②歩く、②考える、*①入る、*⑤示す、
*②走る、*①生む、①出る、①来る、②書く、*②言う……(17字)　〈⑧は、動詞〉

⑨―ようす　*①大きい、*①小さい、*①白い、*①青い、②多い、②少ない、*②高い、*②長い……(8字)　〈⑨は、形容詞〉

さて、この表を造字法からみると、具体名詞はすべてものごとを絵のようにうつしとった象形文字であり、抽象名詞のほとんどは数字や上下本末など関係をしめす指事文字であった。

そして、名詞を下位区分した分類は「世の森羅万象を網羅し、語の範疇(カテゴリー)をさししめすといわれる部首」の分類にそのままそっくりあてはまるものになる。

この九つの群れは、テキスト3『一九〇の部首』の段階では一三の群れに発展し、そのそれぞれに一九〇の部首が属するように編集されることになる。

❷ 一〇一漢字の形と意味

さて、もともと漢字は、人の暮らしを中心にこれをとりまく道具や建物、動物や植物、自然や宇宙にいたるまで現実のあらゆる森羅万象の形をそのままうつしとってつくられたといわれている。

一方、私たちはその現実をさしてふつう意味とよんでいるから、漢字の形そのものが現実のすがた、つまり意味をあらわしていることになるのである。

それについて、一〇一漢字のなかの二つめの群れ、動物の群れに属している漢字「魚」について、次のような授業の一こまがある。

絵	古代文字	いまの漢字
		魚

「子どもたちは上の絵（『漢字がたのしくなる本・テキスト1』）を見ながらかってにしゃべりだしていた。

C　魚のなかに田《た》んぼがあるよ。

C　でも、田んぼじゃないんだよね。

T　田んぼじゃなければなに？

C　魚のおなかだよ。

C　おなかのうろこだよ。

T　それじゃあね、魚の上のかたかなのクみたいなものは？

C　あのね、さかなのかお。
C　さかなのあたまだよ。
T　そうかあ。あたまでもかおでもいいよね。じゃあ、下の四つの点は？
C　さかなのしっぽだよ。
C　おっぽ。
C　ひれだよ」（『漢字の組み立てを教える』宮下久夫著・太郎次郎社刊）

このときの子どもたちは、古代文字をなかだちにして絵と見比べながら、象徴化されている漢字の字形がさししめしている映像、つまり意味を頭にえがいているのだった。

白川静先生は古代文字の構造について、次のように述べている。

「古代文字の構造が、形象の象徴性を最も有効に用い、必要最小限の意味的要素、すなわち形体素をもって明確な表現を成就していることは、すでに述べた若干の文字の構造からも、容易に知ることができよう。これ以上の省略が困難と思われる限界のところで、文字が成立している。その一点一画のうちに字の形義が寄せられているのである。……」（『白川静著作集1』「文字学の方法」二四四ページ、平凡社）

「魚」という漢字を、あたまやかお（ク）、おなかやうろこ（田）、ひれやおっぽ（灬）ととらえた子どもたちは、「これ以上の省略が困難と思われる限界のところで成立している漢字の、その一点一画のうちにひそんでいる字の形義」を、いみじくもとらえたといえるだろう。

また一方で、魚という漢字は、虫や貝などとおなじく水に住む動物の群れに属し、ひれやうろこをもつ魚類を統合していることばでもある。したがって、鮎《あゆ》も、鯛《たい》も、鯉《こい》も、鮒《ふな》も……すべて魚という部首の範疇《はんちゅう》(カテゴリー=同一性質のものが属すべき部類)にはいるのである。

私たちが、漢字の意味をつかむために古代文字を利用するのは、古代文字が「形象の象徴性を最も有効に用い、必要最小限の意味的要素で明確な表現をしている」からであり、現に子どもたちでも、その一点一画にひそむ形義を容易にとらえることができるからである。一方で、象徴化されたうえさらに抽象化し、簡略化されてしまった現代字形そのものからは、そこにひそむ一点一画の形義はみつけにくいからである。

このように、一〇一漢字のほとんどは、それぞれの現実をうつしとって、必要最小限の意味的要素で明確な表現をしている漢字であり、一方、部首としてその範疇にたくさんの漢字を包摂している漢字でもある。

したがって、漢字の形をつくる「十の画」も、一点一画の形義をつかむ「古代文字」も基本の一〇一漢字だからこそとりあげるのであって、他のすべての漢字の学習についてとりあげる必要はない。

一〇一漢字は「十の画」と、「意味をさししめす現実」が要素になっているが、その他の漢字はこの一〇一漢字を中心にした象形文字が要素になっていくからである。

③――ひらがなと漢字

ある一年生の教室で「天《てん》」という漢字を初めて教えた。子どもたちは、初めて覚えたこの漢字を使いたくてたまらない。

その二、三日後のテストに100てんとついているのを見つけた子どもたちは、
「どうして100てんのてんに天《てん》という漢字をつかわないの？」
と、口ぐちに言って先生を困らせたという。音（音節）をあらわすひらがなと、音だけでなくその形が義《いみ》もあらわしている漢字とのちがいが理解されていないことからよくおこる思いちがいである。

なかでも、一音節の単語をあらわしている木《き》、田《た》、戸《と》、目《め》などの漢字は、おなじく一音節をあらわしているひらがなと混同して「で木まし田」などのまちがいをおこしやすい。

また、漢字には二音節の音訓が多いので、漢字は二音節をあらわす文字と思いちがえて、車ま、鏡み、私くし、湖うみなどの送りがなをつけたりする子もでてくる。

そこで、初めて漢字をあつかうとき、漢字は音だけでなく意味もあらわす文字であることをまずとりあげておきたい。

●①漢字は単語をあらわす文字●

子どもたちは、「しりとり」や「なぞなぞ」などのことば遊びが大好きである。幼児期にこうした遊びに十分親しんだ子どもたちはしぜんに単語意識が身についてくる。

教室では、こうした「ことば遊び」のおもしろさを利用して単語意識を育てながら、漢字は単語をあらわしている文字だから、たんに音をあらわしているかな文字とは違うことに気づかせるてだてを工夫しておきたい。

そのためには、次のような一つの音、二つの音、三つの音、四つの音などの「ことば集め」をするとおもしろい。

日本語は二音節の単語がわりと多い。とくに訓よみの漢字には、人《ひと》、足《あし》、山《やま》、川《かわ》、牛《うし》、馬《うま》、糸《いと》、弓《ゆみ》……など二音節の単語がほとんどである。そこで、二音節の「ことば集め」から始めるとたやすくわかるので、どの子どもたちも参加しやすい。ついで三、四音節の「ことば集め」をやって、最後に一音節をとりあげるといい。

一音節の「ことば集め」にはいるまえに、一音節のことばは、ただ「め」とか「ひ」と言ったのではわかりにくいから、「ものを見るめ」とか、「たきびのひ」のように、あわせ単語か、短い文で発表するように約束しておくと迷いが少なく、おもしろく集められる。

この遊びは、かな文字とおなじく一音節の訓よみをもつ漢字「火《ひ》」と「日《ひ》」や「目《め》」と「芽《め》」などの相違を見つける下地になることは言うまでもないし、単語意識が育ってくるので、国語辞典のひき方などでも力を発揮する。

こんな「ことば集め」の遊びを事前に用意しておくと、次のようなきまりや同音語の練習は、ほとんどその延長の遊び感覚でとりくむことができる。

かんじは　たんごを　あらわす　もじです。たんごは　いくつかの　音《おと》で　できて　います。ひらがなや　かたかなは　音だけを　あらわす　もじですが、かんじは　音だけで　なく、いみも　あらわし

て　いる　もじです。

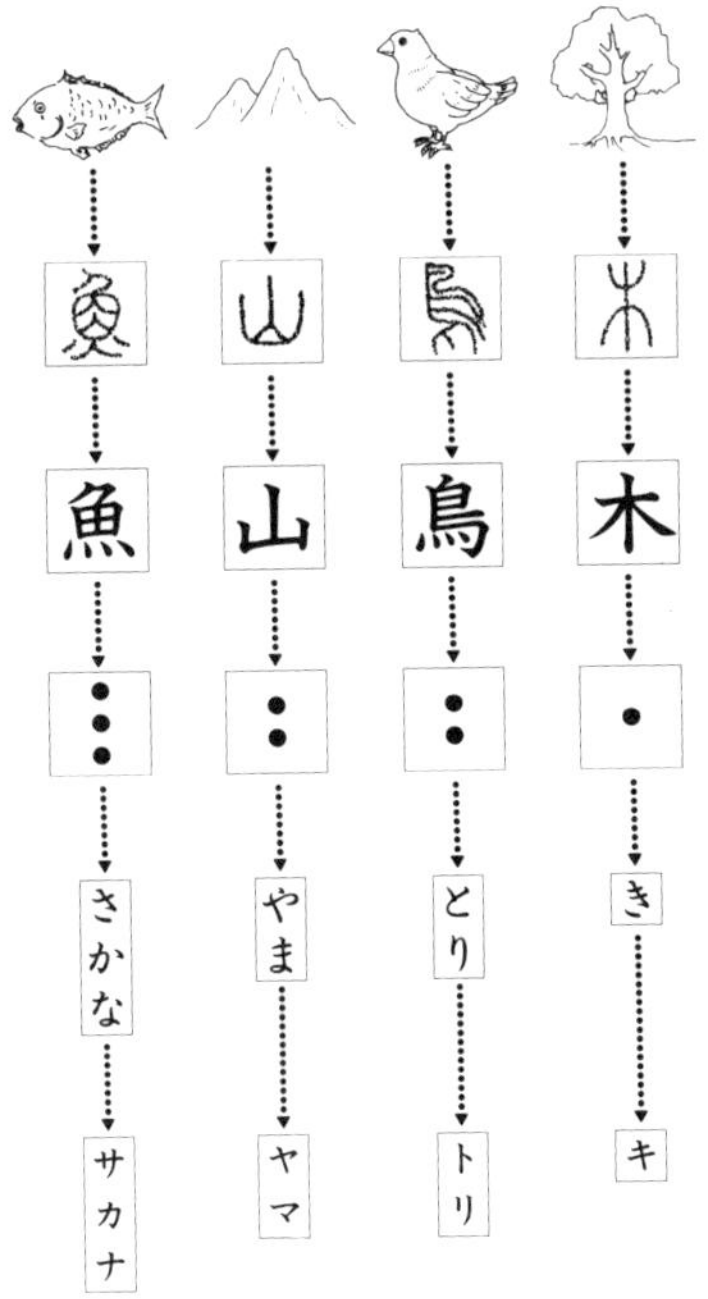

おとが　おなじでも　いみが　ちがうと、べつの　かんじを　つかいます。

つぎの　ぶんの　なかでは　どちらの　かんじを　つかったら　いいかな。よいほうに　マルを　つけて　ごらん。

❷ ぶつだんの　ろうそくの　火｜日　を　いきで　ふきけす。

❸ うんどうじょうで　ころんで　あしの　皮｜川　を　すりむく。

（『かんじがたのしくなる本・テキスト1』から）

これは、すでに子どもたちがよく知っているひらがなをとりあげ、これと漢字を比べることによって、単語をあらわしている漢字の特徴をうかびあがらせようとした練習である。

●②ひらがなは文法的なはたらきもあらわす●

ふつうひらがなは音(音節)をあらわしている文字といわれる。けれど、音をあらわすと同時に、ひらがなは文法的なはたらきもあらわしているのである。

日本語は漢字だけでは書きあらわせない。ふつうは漢字にひらがなをまぜる「漢字かなまじり文」で書きあらわしている。

「鳥は　小さい　虫を　食べる。」

この文のなかで、鳥と虫は名詞である。名詞が文のなかでつかわれるときはふつう助詞(くっつき)がつき、これが文のなかではさまざまに変わる。

これに対して、「食べる」は動詞であり、「小さい」は形容詞である。そのどちらも文のなかでつかわれるときは語尾が変化する。その変化する部分はひらがなで書かなければならない。そのひらがなを送りがなとよんでいる。

日本人は、中国語を書きあらわすためにつくられた漢字をとり入れ、それで日本語を書きあらわそうとした。けれど、中国語とちがう日本語の文法はそれをかんたんには許さなかった。つまり、日本語の文のなかでつねに変化する助詞や送りがなまでは漢字で書きあらわすことができなかった。そこに日本語の文法の特徴があったし、かな文字が誕生する必然性もあったのだ。

つまり、ひらがなはたんに音だけを表す文字ではなく、文のなかでは名詞・動詞・形容詞などのそれぞれの文法的な意味をはらんでつかわれているのである。

『漢字がたのしくなる本[1]』では、初めて練習する漢字の文法的なはたらきもふくめて、次のように規定して差しだしている。


「いままで　ならって　きた　えから　できた　かんじは、ひとや　ものや　いきものの　なまえを　あらわす　たんごです。こういう　たんごを　『なまえたんご』(名詞)と　いいます」

「えのように　かいた　かんじには、『うごきを　あらわす　たんご』(動詞)や『ようすを　あらわす　たんご』(形容詞)も　あって、それも　かんじで　かきあらわします」

こうして、一〇一漢字を日本語のことばとして、五六字の具体名詞、二〇字の抽象名詞、一七字の動詞、八字の形容詞として、もう一度見なおし、そのはたらきを学習することにしている。

「つぎの　□の　なかに　くっつきを　いれて、いろいろな　文を　つくって　みよう。

母□　町□　いく。」

あらかじめ、くっつき(助詞)には「が、を、に、へ、で、と、から、まで、の、は、も」などがあることを知らせておくと、次のようないろいろな例文ができる。

母[は]　町[へ]　いく。母[が]　町[に]　いく。母[と]　町[へ]　いく。母[も]　町[へ]　いく。母[の]　町[を]　いく。

さらに、動詞・形容詞などもふくめると、次のような基本文型にまで発展する練習となる。

★動詞述語文(何が　どうする。)

馬□　走□。　人□　歩□。

★名詞述語文(何は　なんだ。)

これ□　羊□　皮□。　鯉□　川□　魚□。

★形容詞述語文(何は　どんなだ。)

キリン□　首□　長□。　空□　青□。

ただし、こうした文づくりの練習は、これにつかう単語を一〇一字に限定してしまうと、豊富な例が利用できず、おもしろくない。

ことば遊びとし、文づくり遊びとして楽しむためには、漢字にとらわれず、子どもたちの知っている単語を自由に組み合わせ、主述を中心にしながらしだいに修飾・被修飾の関係に広げていくとおもしろい。

たとえば、次のような単語カードをつくる。品詞別に分けておいて、くじ引きにしたり、裏返しておいて神経衰弱のようにひきあてたりして組み合わせる。それに助詞をつけて文にする。意外な組み合わせができて楽しめる。

[名詞]　人、母、先生、おじさん、馬、牛、羊……

[動詞]　歩く、走る、来る、ころぶ、なく、にげる……

[形容詞]　大きい、白い、かわいい、こわい、やさしい……

こうして文づくりをしているうちに、漢字のもっているもう一つの側面、文法的な意味のはたらきにしだいに気づいていく。やがてそれは体系的な文法を学習するうえでの重要な基礎知識となる。そして、その基礎知識は、次のような漢語づくりの理解へ発展する足がかりにもなる。

★漢語として名詞になるグループ

車道《しゃどう》(車の道)、新車《しんしゃ》(新しい車)、歩道《ほどう》(歩く道)、父母《ふぼ》(父と母)、道路《どうろ》(道《みち》、路《(みち)》)……

★漢語として動詞にもなるグループ

登山《とざん》する(山に登る)、飲食《いんしょく》する(飲み食いする)、勝負《しょうぶ》する(勝ち負けする)

★漢語として形容詞や副詞にもなるグループ

正確《せいかく》な・に(正しい、確かな)、非常《ひじょう》な・に(常《つね》に非《あら》ず)

漢字だけで日本語の文を書きあらわすことはできない。漢字が日本語をあらわす文字として文のなかでつかわれるときは、その漢字がどんな品詞をあらわしているかを示すかな文字が必要になる。このとき、かな文字は漢字の文法的な意味をあらわすはたらきをしているのである。

◎Ⅲ章◎ あわせ漢字と部首

1 あわせ漢字のでき方

「一〇一漢字」が基本であることは、「一〇一漢字」をもとにしてつくられたたくさんのあわせ漢字を具体的につかんではじめて納得できることであり、あわせ漢字を知ることによって基本漢字が固有するという形・音・義をあらためて認識することにもなる。

ここでは、基本漢字の双方の意味を生かして組み合わさる会意文字をとりあげ、そのもとの漢字の形や意味がどう変わるか、とくに形の変化を中心にとりあげて学習する。

最初にさしだすあわせ漢字は、すでに子どもたちがよく知っている漢字が組み合わさったものであり、しかもその形がもとの漢字とあまりかわらず、そのうえ、もとの漢字のそれぞれの義《（いみ）》を生かして組み合わさった、たとえば、次のようなあわせ漢字がわかりやすいはずである。

田《た》・力《ちから》→男《おとこ》

木《き》・木《き》→林《はやし》

八《はち》・刀《かたな》→分《わーける》

山《やま》・石《いし》→岩《いわ》

これらのあわせ漢字は、田で力（すき）をもつ男《おとこ》、木と木で林《はやし》、刀で八（ふたつに）分《わーける》、山にあるおおきな石は岩《いわ》などのように、もとの漢字の義《いみ》と、あわせ漢字の義をつなげて説明することができる。

けれど、残念ながらもとの漢字の形をあまり変えないで組み合わさるこうしたあわせ漢字はたいへん数が少ない。ここに挙げた男や林も、厳密にいえばわずかながら形を変えている。じつは、もとの漢字の形をまったく変えないで組み合わさっているあわせ漢字などはないのである。たとえば、田も力も平たく縮んで男という漢字の部分となり、木と木は細長く縦に縮んだうえに、偏《へん》(左側)になる木の最後のななめ線はポッキリ折れて点となり、木(きへん)となって組み合わさっているのである。ただ、その変わり方がわずかなので、あわせ漢字の部分から、もとの漢字の形をたやすく見つけられるので、変わっていないように見えるだけである。

一口にあわせ漢字といっても、このようにもとの漢字の形をあまり変えないで組み合わさっているものから、欠けたり(省略)、変わったり(変形)して、もとの漢字の形がわかりにくくなっているものまでいろいろある。〝分ければ見つかる知ってる漢字〟と言っても、あわせ漢字の分けた部分をもとの漢字に復元してみなければ、それは知ってる漢字につながらないのである。

変形して組み合わさったあわせ漢字の部分をもとの漢字に復元する力をつけるには、もとの漢字がその形をどのように変えて組み合わさったのか、あわせ漢字のつくり方に立ちもどってみなければならない。

あわせ漢字をつくるとき、もとの漢字の形は、縮んだり、欠けたり、変わったり、化けたりして組み合わさるのである。その四つの変わり方のしくみをつかんでいなければ、もとの漢字に復元することはできない。

ここでは、あわせ漢字をつくるために、もとの漢字がその形をどう変えているのか、その四つのパターンを次に紹介する。

❶——もとの漢字が縮んで組み合わさる型

これはあわせ漢字の基本の形で、もとの漢字の形は縮んでいるだけで変わっていないから子どもたちにも容易に分解できるし、もとの漢字を見つけることもかんたんである。それだけに、子どもたちは「もとの漢字と変わっていない」と、思いこんでしまっている。もとの漢字と、あわせ漢字をおなじ大きさのマスのなかに入れてみせると、初めて縮んで組み合わさっていることを実感する。

変わっていないように見える形も、もとの漢字が縮んで組み合わさっているのである。このことは、「すべてのあわせ漢字はもとの漢字の形・音・義を変えて組み合わさっている」という大原則をつかむきっかけになるのである。

★左右につながる(てつなぎ型)

この型は、やがて左に偏《かたよ》せられる偏《へん》と、右の旁《かたわ》らへよせられる旁《つくり》へと発展する。

又・耳 → 取　　長・巾 → 帳　　月・日 → 明　　鳥・口 → 鳴　　口・力 → 加

★上下に重なる(かたぐるま型)

この型は、やがて上におしあげられる冠《かんむり》(やね)と、下へおし下げられる脚《あし》(したあし)へと発展する。

刀 八 → 分

口 十 → 古

力 田 → 男

心 音 → 意

白 羽 → 習

★左右上下が集まる（あつまり型）

口 口 口 → 品

木 木 木 → 森

口 五 言 → 語

牛 刀 角 → 解

示 又 月 → 祭

★構《かまえ》のなかに入りこむ（もぐりこみ型）

口 門 → 問

日 門 → 間

耳 門 → 聞

❷——もとの漢字が欠けて組み合わさる型

もとの漢字が欠けて組み合わさる型には、線や点の一部分が欠けてなくなる場合と、ある部分の要素がそっくり省略される場合とがある。

たとえば、次の林、飯、美などの場合は、もとの漢字の矢印の部分の線が欠けたり、点になったりするが、島、孝、度などの場合は、もとの漢字の矢印の要素がそっくり省略されてしまったと言うほうがわかりやすいと思う。

木＋木 → 林　　欠＋食 → 飲　　大＋羊 → 美

山＋鳥 → 島　　子＋老 → 孝　　又＋席 → 度

縮んだだけでは組み合わせることのできない漢字の部分は、こうして欠けたり、省略されたりすることがある。このことを知っていると、欠けたひつじの形（羊）や、省略された耂の形から、容易にもとの羊や老の漢字に復元することができる。

❸——もとの漢字が変わって組み合わさる型

変わって組み合わさるというのは、もとの漢字の線や点の一部分が変わるもので、全体の形はほぼそのまま残っているので、これもわかりやすい。

漢字の一部分の線やかぎがかわるので、「画が変化する」ととらえる、と子どもたちに説明しやすい。

たとえば、よこ線がななめ線に変わったり、角かぎがななめかぎに変わったりする。

★線が変わる

反 土 → 坂
見 王 → 現
合 竹 → 答
系 子 → 孫
白 舟 → 舶

★かぎが変わる

云 雨 → 雲
分 雨 → 雰
工 穴 → 空
九 穴 → 究

❹ もとの漢字が化けて組み合わさる型

「化ける」というのは、部首によく見られる型で、水が氵(さんずい)になるように、もとの形全体がまるで化けるようにべつの形に変わってしまうものである。

たとえば、人からできた漢字で化けた例をあげてみよう。人を左に偏《かたよ》せると、右へいくななめ線がたて線に変わり亻(にんべん)になって、右半分が空く。人が上におしあげられると、上に突きでたななめ線は欠けて𠆢(ひとやね)となって、下が空く。逆に下におし下げられると、二つのななめ線はきりはなされ、右へいくななめ線は曲線のつりばりとなって上が空き、儿(ひとあし)となる(九一ページ参照)。

こうしてそれぞれの空いたところに組み合わさる漢字が入りこんであわせ漢字が完成するのである。

もとの漢字と化けた部首のあいだには、一見、何のつながりもないように見えるが、古代文字と比べたり、

楷書	古代文字	部首
刀《かたな》		刂《りっとう》
水《みず》		氵《さんずい》
犬《いぬ》		犭《けものへん》
心《こころ》		忄《りっしんべん》
火《ひ》		灬《よってん》
牛《うし》		牛《うしへん》
示《しめす》		礻《しめすへん》
衣《ころも》		衤《ころもへん》

字形をくずしてみたりすると、そのつながりが見えてくる。いくつかの部首の例を上にあげることにする。

以上の四つが基本の型である。こうして差しだしてみると、その一つ一つはとりたててむずかしいことでも、新しいことでもない。ふつうの子どもたちは、書きとり練習のなかでごくしぜんにこれらの知識を身につけているに違いない。

しかし、それはあくまでも個別の字形についての記憶であって、一般的な文字の構造についての知識ではないから、漢字を分解したり総合したりする力にはつながらない。

ところが、この四つの基本の型をとりあげることは、「すべて、あわせ漢字がつくられるときは、もとの漢字の形が変わる」という原則に気づくと同時に、「複雑なあわせ漢字を分解し、そのなかにひそんでいるもとの漢字を見つける力」をひきだしていくことになる。

そのためには、この四つの基本の型をてがかりにして、部首や形声文字などを組み立てている構造にも視野を広げていかなければならない。

2 形を変えて組み合わさる部首

❶ 組み合わさるための変形

	島	界	綿	勇	裏	略
古代文字						
楷書	嶋	畍	緜	勈 勇	裡	畧
現代漢字	島 トウ しま	界 カイ (さかい)	綿 メン わた	勇 ユウ・ヨウ いさむ	裏 リ うら	略 リャク (はかりごと)

人名などには、しばしば異体字とよばれる漢字が目につくことがある。たとえば、「島」は、「嶋」であったり、「嶌」であったりする。

こうした字形の変遷を見てみると、あわせ漢字の組み合わせは、もとの形がちぢんで、上下左右に並ぶのが基本であることがわかる。

ついで、ある部分が省略されて組み合わさる島とか勇ができる。やがてまんなかに挟みこまれる裏などができる。こうして複雑なものは簡略化するとか、左右の均衡を考えるとかして現代に至っているように思われる。
たとえば、大衆の衆がしだいに変形して現代の字形に至るまでの移り変わりを見てみよう。

古代文字	楷書	現代文字
	眾　衆	衆（シュウ 多くの人）

古代文字では、三人の人がそれとわかるように描かれている。森でも品でも、三つはたくさんの数をあらわしている。この衆も、三人の人で《多くの人》という意味をあらわしていた。ところが、楷書になると、この三人のまんなかの人が亻（にんべん）に形を変え、その左右に人がついた。その左右の人は、さらに簡略化され、二転、三転して現代の字形に落ち着いていった。つまり、あわせ漢字をつくって組み合わさるため、もとの漢字は、縮んだり、変わったり、欠けたり、化けたりして形を変えなければならなかった。

こうして、ほとんどの基本漢字は、組み合わさるために、その形を変えていったのであろう。

❷ 偏《へん》・旁《ぼう》・冠《かん》・脚《きゃく》

形のうえからあわせ漢字をみると、それぞれの部分が縦線をひいて左右に分けられるものと、横線をひいて上下に分けられるものがある。この二つが大部分で、残りはごく少数の特殊な形か、分けにくい形である。

縦線で二つに分けられ左側に偏《かたよ》せられた部分を偏《へん》といい、右の旁《かたわら》へよせられた部分は旁《つくり》となづけられた。

横線で二つに分けられ、上に押しあげられた部分は冠《かんむり》とか屋根《やね》とかいわれ、下へおしさげられた部分は脚《あし》とか、下《した》あしなどと名づけられた。

つぎに人や人の形をあらわした卩《セツ》が、組み合わさって、偏《へん》・旁《ぼう》・冠《かん》・脚《きゃく》になる例を具体的にあげてみよう。

人には、旁《つくり》になる部首がなかったので、人がひざまずく形の卩（ふしづくり）を加えて偏旁冠脚の例とした。

古代文字	楷書	偏《へん》	旁《つくり》	冠《かんむり》	脚《あし》
	人《ジン》	亻《にんべん》 休作		𠆢《ひとやね》 企介	儿《ひとあし》 見兄
	卩《セツ》		卩《ふしづくり》 印即		㔾 危色

偏——亻《にんべん》　仏、仁、仕、他、代、付、休
旁——印　危、卵、巻(卷)、脚、即、卸
冠——今　令、余、介、企
脚——元　兄、先、光、兆、児、党、充、克

このように、あわせ漢字の大部分は、左右に分けられる偏旁と、上下に分けられる冠脚に整理することができる。

いま、こころみに四年生までの配当漢字四四〇字を偏旁冠脚にしたがって分けてみると、左右に分けられる偏旁型が一四五字で33パーセント、これがもっとも多い。つぎが上下に分けられる冠脚型で一一八字27パ

ーセント、あわせ漢字の大部分はこの二つの型で占められている。これに、分けられない単体の基本漢字一二四字、28パーセントが加わるから、あわせて90パーセントになる。

残りの10パーセントが、もぐりこみ型といわれる門《もんがまえ》、广《まだれ》、辶《しんにゅう》など上下左右に分けにくい部首と、赤、言、先など二つには分けにくいあわせ漢字になる。

さて、このあわせ漢字の学習で大切なことは、まずもとの基本一〇一漢字の形・音・義、とくにその形がさまざまに変わって組み合わさるということ、そのあわせ漢字を学習することで、形・音・義を固有するという基本漢字の性質を再認識すること、そして、上下左右に分けられるあわせ漢字の部分は、あらためて偏旁冠脚と名づけられ、形声文字の構成要素となっている部首の形と義《(いみ)》をつかむことである。

❸——限定符としての部首

ふつう部首といえば、「辞書でたくさんの漢字を分類・配列するとき、木《きへん》や氵《さんずい》のようにその基準となる共通の形をした漢字の部分である」と説明されている。

けれど、漢字の造字法からみると、「部首は基本漢字の『文《ぶん》』があわせ漢字の『字《じ》』をつくるために、もとの漢字の義《(いみ)》をにないながら、その形の一部を変え、いわゆる偏旁冠脚に形を変えたものである」と規定することもできる。そうとらえると、部首は、基本漢字とそれをもとに組み合わさったたくさんのあわせ漢字をつなげるかなめとして位置づけることができる。

たとえば、木という基本漢字はその意味をにないながら木《きへん》と形を変え、木にかかわる広い範囲にわたってその意味を限定している。

①木の部分——木(き)、本(もと)、末(すえ)、未(ゆくすえ)、条(えだ)、枝(えだ)、標(こずえ)、梢(こずえ)、根(ね)……

②木の名——松(まつ)、梅(うめ)、桜(さくら)、杉(すぎ)、柳(やなぎ)、桑(くわ)、桃(もも)、桐(きり)……

③木のようす——栄(さかえる)、枯(かれる)、柔(やわらかい)、朽(くちる)、林(はやし)、森(もり)、格(枝が入りまじる)、杜(もり)……

④木でできた材料——材(ざいもく)、柱(はしら)、板(いた)、枚(いたきれ)、校(ませ)、横(よこぎ)、極(むなぎ)、棟(むなぎ)、梁(はり)……

⑤木でつくる道具——机(つくえ)、案(つくえ)、械(からくり)、棒(むち)、機(はた)、橋(はし)、楽(手鈴)、権(はかり)……

⑥木にかかわる人の行為——植(うえる)、栽(うえる)、樹(うえる)、検(しらべる)、査(しらべる)、染(そめる)、束(たばねる)……

⑦木とは関係なく形だけの部首——来(くる→もとは麦《むぎ》)、東(ひがし→もとはふくろ)、村(むら→もとは邨《ソン》)

この木(きへん)に示されるように、部首はふつうこのように広い範囲の意味を限定しているので限定符とよばれることもある。

けれど、その一方で、⑦の村《ソン》や来《ライ》や東《トウ》のように、木とはなんの関係もない漢字が、その部分に共通の形

(木《きへん》)をもっているというだけで、木《きへん》の部首のなかにはいっている。

それで、厳密に部首を規定するときには、冒頭にあげたように、「……基準となる共通の形」だけがとりあげられ、意味記号としての部首の役割は定義しにくいので、とりあげられないのである。

❹――方(ほうへん)と㫃(エン)の部首

それについて、形声文字の構造を学習した授業のなかで、次のようなエピソードがあった。

形声文字の構造をつかむため同形の音記号をもつ漢字を並べ、そこから、その音記号をぬきだす次のような作業を子どもたちはとても喜ぶ。漢字が得意でない子でも、そこにあるおなじ形を見つけてぬきだすのだから、たやすくできた。その音記号をとりだすと、あとには自分たちがすでに知っている部首が残る。残った部首を見つけることは隠し絵にも似た発見のおもしろさがあるらしく、子どもたちはすすんで取り組んでいた。部首を覚えきれない子どもたちも、部首一覧表と見比べながらやればいいのである。

そして、それは、次のような問題にぶつかったときだった。

基本《きほん》の基《キ》　期日《きじつ》の期《キ》　将棋《しょうぎ》の棋《キ》　校旗《こうき》の旗《キ》……(其《キ》)――音記号

部首――土《つちへん》　月《つきへん》　木《きへん》　(㫃)

まず、共通の音記号「其《キ》」はすぐ見つかった。その音記号を取りさった残りの形、部首も、基《キ》は土(つちへん)、期《キ》は月(つきへん)、棋《キ》は木(きへん)と、つぎつぎに発見されていった。

ところが、旗《キ》の音記号をとり除くと、残りは方(ほうへん)ではなかった。「方𠂉」であった。子どもたちはとまどった。「方𠂉」の形は部首一覧表にも載っていない。

「方(ほうへん)にへんなものがくっついてるよ」

「でも、方(ほうへん)のなかまでいいんじゃない?」

などという子がいて、結局、「方𠂉」も方(ほうへん)の部首に入れることで、その場はおさまった。

あとで調べてみると、方𠂉のもとの形は㫃(エン)で、旗のなびく形をあらわした象形文字である。辞書で方(ほうへん)の部首に納められている漢字のほとんどは、この㫃(エン)がついているのだった。

古代文字

楷書

㫃(エン、はたあし ふきながし)

部首の形

方𠂉

施《シ》 ほどこす　旅《リョ》 たび　族《ゾク》 やから　旗《キ》 はた　旋《セン》 めぐる

㫃《エン》(はたあし)とは、長い旗の先が風になびいてひるがえるところだという。その㫃《エン》(はたあし)が部首であるとするならば、施《シ》《はたあしが長くなびくように広くゆきわたらせる》、旅《リョ》《はたの下に人が集まって旅をする》、族《ゾク》《はたの下に一族の者が集まる》、旋《セン》《はたがひるがえるように足をめぐらす》、旗《キ》《其《キ》は四角い箕《み》、四角いはた》などのように、㫃(はたあし)という意味が、その部首に属する漢字のそれぞれの意味を限定し、まさに限定符としての役割を果たしているのだった。古代(『説文解字』)では、方(ほうへん)と㫃《エン》(はたあし)の二つの部首があったという。
『説文解字《せつもんかいじ》』——西暦一〇〇年ころ、後漢の許慎《きょしん》によって初めてつくられた部首別の字典。当時つかわれていた九三五三字を五四〇の部首に分けた。その後、漢字の数が増大し、西暦一七一六年、清《しん》の『康熙字典《こうきじてん》』があらためてつくられた。これは、当時の漢字四万七千余字を二一四の部首に統合・整理し、部首や漢字の配列もすべて画数順につくりかえた。それ以来、わが国の字典はほとんどこの部首法をうけついでいるので、部首の数は二一四部になっているという。

かつて世の森羅万象《しんらばんしょう》をうつしだしたといわれる『説文解字』の五四〇の部首は、画数順につくりかえられた『康熙字典』によって二一四部首に統合・整理された。それと同時に、限定符としての役割もうすれていったのである。

古代文字	楷書
	方　ホウ、かた　さらしもの（横木に死体を架けた形）

こういう時代背景のなかで、形だけおなじ部分をもつ㫃《エン》（はたあし）は、意味のうえではまったく関係ない方（ほうへん）の部首にくり入れられたのである。

❺ 整理・統合されていった部首

これとおなじように、かつてその形が意味を規定していた部首は、つぎつぎに統合・整理され、形だけの部首になっていったものも少なくない。

韋(なめしがわ)と韋(めぐるあし)は、その代表的な例として、次にあげることにする。

★韋《イ》(なめしがわ)

韋編《いへん》三絶《本をとじていたなめし皮のひもが三度も切れた。読書熱心のたとえ。》

韍《フツ》(なめし皮のひざかけ)、韔《チョウ》(なめし皮の弓袋)、韜《トウ》(もと弓袋、つつみかくすこと)、韓《カン》(なめし皮をまきつけた旗竿)。

★韋《イ》(めぐるあし)

韋駄天《いだてん》《仏舎利を盗んで逃げた鬼をつかまえた足の速い仏の守護神。》

違《イ》(めぐる足がいきちがう)、緯《イ》(左右にめぐるよこ糸)、囲《イ》=圍(めぐってかこむ)、衛(めぐってまもる)。

そのうえ、韋《イ》にはこのほかに「善美」という意味でつながるいくつかの漢字グループがある。

★韋《イ》(善美)

偉(すぐれてえらい)、韡《イ》(花のうつくしさ)、韙《イ》(よい)。

このように見てくると、韋《イ》という部首をある一つの意味に一括して規定することはできない。その漢字のつかい方から韋(めぐるあし)の意味なのか、韋(なめしがわ)なのか、それとも韋(善美)なのか、帰納してつかむほかはないのである。

このほかにも、鬥(たたかいがまえ)は門(もんがまえ)に、神にささげる祈りの載書《さいしょ》の口(さい)は口(くちへん)に、それぞれ包括され、統合されてしまった。

こうして、字形の簡略化を中心にした漢字の長い変遷のなかで、部首のもっていた意味体系は随所に破綻をきたすことになった。それは歴史的な事実でもあり、増えつづけた漢字がたどらなければならない当然の宿命だったかもしれない。

けれど、漢字の大部分を占める形声文字が部首と音記号で組み立てられているというしくみは、いまもなお厳然として存在している。

漢字の構造を積極的にとりあげ学習しようとするなら、部首を漢字索引の手段として規定してしまうのではなく、音記号とともに形声文字を組み立てている要素として位置づけなければならない。

⑥——部首のさまざまな転用

部首の意味体系は随所に破綻をおこしているとはいえ、その大部分はいまなお限定符としてはたらき、整然とした漢字の体系を支え、現在もその名残りをとどめているのである。

ところで、部首の役割はそれだけではない。部首は何千年という漢字の歴史のなかで、しだいに淘汰され、現在に生き残った形である。ある部首が、思いもかけない他の漢字の音記号につかわれたり、ときには会意文字の要素として、あるいは、たんに形を整えるためだけにつかわれていることさえある。

たとえば、韋(めぐるあし)や牙(きばへん)の部首に属している常用漢字は一字もない。ところが、次のように別の部首の音記号としてはさかんにつかわれている。〈(　)のなかは、その漢字の属している部首。〉

★韋《イ》→違《イ》(⻌＝しんにゅう)、偉《イ》(亻＝にんべん)、衛《エイ》(行＝ぎょうがまえ)。
★牙《ガ》→芽《ガ》(艹＝くさかんむり)、雅《ガ》(隹＝ふるとり)、邪《ジャ》(阝＝おおざと)。

また爫（つめかんむり）や聿（ふでづくり）も、その部首に属している常用漢字は爵《シャク》（爫）と、粛《シュク》（聿）のそれぞれ一字しかない。ところが、爫（つめかんむり）や聿（ふでづくり）の意味をになって、会意文字の要素としてはしばしばつかわれている。

★爫（つめかんむり）──→采《サイ》（爫＝手で木の実を取る）、受《ジュ》（爫＝手から又＝手へうけとる）、乳《ニュウ》（爫＝手で孔＝乳飲み子をだいて乳をやる）。

★聿（ふでづくり）──→筆《ヒツ》（⺕＝手に竹の筆をもつ）、建《ケン》（聿＝ふでを立てて、建設をうらなう）、書《ショ》（聿＝ふでで字を書く）。

しかも、これらの会意文字の多くは、そのまま形声文字の音記号となってつかわれることになる。

★采《サイ》──→採《サイ》（扌＝てでとる）、菜《サイ》（艹＝野菜のな）、彩《サイ》（いろどり）。

★受《ジュ》──→受《ジュ》（うける）、授《ジュ》（さずける）。

★聿《イツ》──→律《リツ》（きまり）、建《ケン》（たてる）、健《ケン》（すこやか）。

このようにしてみてくると、たとえその部首に属している漢字がなくても、あるいは少なくても、一概にその部首の頻度数が少ないとは言えないのである。

部首は、何千年の漢字の歴史のなかで淘汰され、生き残った形だから、思わぬところでその意味や音が利用されたり、意外な省略があって、まったく別の字源の漢字がおなじ形になったりすることもまためずらしいことではないのである。

❼ 字形の簡略化による新部首

さらに、字形の簡略化によっておこっている「旧来の部首にはないが、辞典検索の便宜上、新しく立てた部首」について一言ふれておきたい。

一九四六年(昭和二十一年)に制定された当用漢字(常用漢字の前身)の簡略化は、次のような意味のない、形をととのえるためだけの部首をつくりだすきっかけになった。

古代文字	楷書	現代漢字		新しい部首
	舊	旧 キュウ (ふるい)	……	丨《いち》　日《にちへん》
	爭	争 ソウ あらそう	……	ク《く》　亅《はねぼう》
	營	営 エイ いとな-む	……	⺍《つかんむり》
	將	将 ショウ (ひきいる)	……	丬《しょうへん》

現代漢字の「旧《キュウ》」は、もと舊で《萑＝とりが臼形のわなに足をとられて逃げられない形》である(『字統』)。いつまでも逃げられないことから、《ふるい、ひさしい》という意味になったという。したがって、舊《キュウ》の部首は「隹《ふるとり》」か「臼《うす》」になるのがふつうだった。ところが、新字体の「旧《キュウ》」は丨(たてぼう)か日(にちへん)の部首に入

れるしかない。

そこで、「旧」を丨(たてぼう)に入れる辞典(『岩波漢語辞典』)、日(にちへん)に入れる辞典(『学研漢和大字典』)、昔のままに臼部に入れる辞典(『漢和中辞典』角川書店)など、「旧《キュウ》」が属する部首は辞典によってそれぞれ違うことになってしまった。

また、「争《ソウ》」の旧漢字は「爭《ソウ》」で、もとは爫(つめかんむり)の部首にはいっていた。《杖状のものを上からの爫=手と、下からの彐=手でひきあいあらそう》意味だという。

その爫(つめかんむり)が、現代漢字ではかたかなのク、とおなじ形になってしまった。もう爫(つめかんむり)の部首に入れるわけにはいかない。

こうして、「旧来の部首にはないが、辞典検索の便宜上、新しく立てた部首」が必要とされることになった。

『岩波漢語辞典』『三省堂新明解漢和辞典』『旺文社漢和辞典』などや、小学生用の漢和辞典の多くは、ク、のような意味をもたない形だけの部首を新しく設定している。

その一方で、『学研漢和大字典』や教科書では、「争《ソウ》」は亅(はねぼう)の部首に入れられている。

当用漢字(いまの常用漢字)は、簡略化され、書きやすくなった反面に、なんの意味もない、ただ形を整えるためだけのこうした部首もまたその副産物として産みだしているのである。

最後に部首の名づけについてつけ加えておきたい。というのは、部首の名は正確な学術用語ではない俗称が多く、一つの部首に二つも三つも名がついているものがあるからである。

たとえば、「歹(歺)」は、もと「がつへん」とよばれた。骨の上部の冎《カ》と字源がおなじで歹《ガツ》という字形が死者の残骨を意味していたという(『字統』)。

けれど日本人には歹《がつへん》のガツが残骨、つまり死体をあらわしているとはとりにくいので、和語の「かばね(死体)」ということばをあてて「歹」(かばねへん)としたのだろうと推測される。多くの辞典はほとんど歹(がっへん)か、歹(かばねへん)としている。

ところが、現代では「かばね」はすでに古語である。しかも、別に尸(しかばね)などのまぎらわしい部首もある。そこで、最近の小学生用の辞典では、残骨の意味を生かして歹(しにがまえ)と名づけたり、その形を分解して歹(いちたへん)などと名づけるものが多くなってきている。

このように、部首の名は、漢字を覚えるためにつけた俗称が多く、そのうえ、字形の簡略化などから便宜的に名づけた部首などもふえているのでいっそう混乱している。

けれど、その名づけは、伝統を重んじる歹(がっへん)のように音よみのもの、意味のうえからつけた歹(しかばね)、歹(しにがまえ)などの訓よみのもの、形のうえからだけつけた歹(いちたへん)のように、形を分解したものなど、おおまかにこの三つに分けられる。

部首の名は、あくまでも漢字の構造をつかむため、あるいは索引のための便宜的な名づけであると割りきって、つかいやすいものを利用するといいと思う。

3 部首の系列と体系

部首に属するそれぞれの漢字が、その部首の形と義《（いみ）》によってつながっているように、部首どうしも系列をつくってつながり、いくつもの群れをつくっている。その群れのなかから、代表的なものを選んで次にとりあげてみる。

❶——人の一生をあらわす人をかたどる部首の系列

ここでは、横向きの人、正面を向く人、ひざをつく人、腰をつく人、腰の曲がる人、横たわった人などのさまざまな姿態をえがきながら、全体としては人の一生の姿をうつしだすようにつながっている。そんな部首の一群れをさしだしてみる。

人《ひと》・亻《にんべん》・𠆢《ひとやね》

儿《ひとあし》

尸《おしりのしかばね》

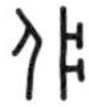
疒《やまいだれ》

横からみた「人」が基本型で、これがその位置によって亻《にんべん》、𠆢《ひとやね》、儿《ひとあし》と変化する。正面を向く形は「大《だい》」で、その下に線をひいて人の立つところをしめして

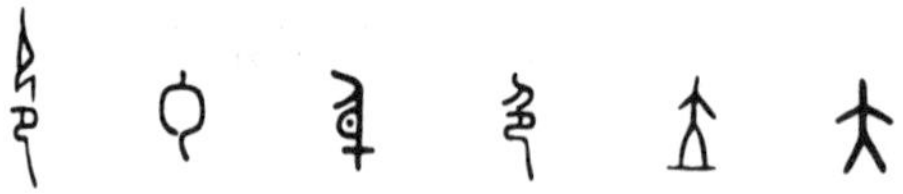

大《だい》
立《たつ》
色《いろ》
身《みへん》
勹《つつみがまえ》
卩《ふしづくり》……▼

耂《おいがしら》
長《ながい》
比《ならびひ》
匕《ひとのひ》
旡《むにょう》
欠《あくび》

「立《たつへん》」となる。

「色《いろ》」は二人で相交わる男女の性の営みをあらわし、「身《みへん》」はみごもる女性の横向きの姿で、「勹《つつみがまえ》」は身をかがめた形で、包《ほう》は腹中に子のある形となる。

「卩《ふしづくり》」はひざまずいて食卓につき、もっと欲しいと口をあけた形が「欠《あくび》」で、もういらないと後ろをむくのが「旡《むにょう》」だ。

一人で腰をつく形が「匕《ひとのひ》」で、二人並んで腰をおろすのが「比《ならびひ》」だ。やがて髪がのびて「長《ながい》」となり、腰も曲がって「老《おいがしら》＝耂」となる。ついに病《やまい》「疒《やまいだれ》」にたおれ、「尸《しかばね》」になるのである。

このように、人のさまざまな姿態をあらわしている部首は、そのまま人の一生をあらわす系列に並べかえることもできるのである。

❷――みぎてをかたどる「又《また》」からできた部首の系列

人の手や足のはたらきをあらわす漢字は言うまでもなく手や扌(てへん)、足や⻊(あしへん)で組み立てられている。しかし、手足のはたらきをあらわす漢字のもとになっている形は又《ユウ》（みぎて）や止《シ》（あし）のほうがはるかに多いのである。その又《ユウ》や止《シ》があわせ漢字をつくるときは、縮んだり変わったりするだけでなく、方向や位置が変わったりして組み合わさる。つまり四つの基本型の応用とも言える型である（＊は部首）。

部首	古代文字	変化した形	漢字の例（かならずしもその部首に属している漢字ではない）
＊又《みぎてのまた》	（右手の形）	ナ　ナ　ヨ	反《ハン》、取、双、受／右《ユウ》、友、有、父／左《サ》、差／君《クン》、兼
＊廾《にじゅうあし》	（左右の形）	六　关　𡗗	弁《ベン》、算、幣、弄／共《キョウ》、兵、具／关《ソウ》、送、勝、券／奉《ホウ》、奏、捧、棒
＊隶《れいづくり》	（獣尾をつかまえる）		隷《レイ》
＊聿《ふでづくり》	（筆をもつ形）		書《ショ》、筆、律、建
＊寸《すん》	（指の巾一寸）		寺《ジ》、対、射、博
＊殳《るまた》	（投げやりの形）		役《ヤク》、段、殺、設
＊(攴)攵《むちづくり》	（むちをもつ）		牧《ボク》、放、故、政

この表には七つの部首と、そこに属している四四の漢字をさしだしているが、それらはすべて「又」という漢字をもとに組み立てられている。

その「又」が、「ヨ＝みぎ」や「ヒ＝ひだり」に向きを変えたり、「ヨ」や「廾＝𦥑 両手」に形を変えても、古代文字までさかのぼれば又（みぎて）の形とつながっていることが明らかになる。

❸――形も向きもちがって組み合わさる「止《シ》」の部首の系列

止《シ》は、足跡の形からかたどられた漢字だという。その古代文字の二つの形、「《甲骨文字》」と「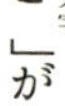《金石文字》」がもとになって、次のような部首や漢字がつくられている。

ここに止《シ》(あし)から組み立てられている九つの部首をさしだしてみた。この部首に属する漢字は七七字になるが、そのどれにも「止＝＝あし」の形か、これが逆さになった「＝夂＝夊＝なつあし」の形が、さまざまに変形して組み合わさり漢字をつくっている。

古代文字	部首	変化した形	漢字の例（かならずしもその部首に属している漢字ではない）
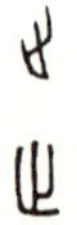	*止《とめへん》	止	正《セイ》 武、歩、歴
	*足《あしへん》	𧾷	距《キョ》 路、践、跳
	*疋《ひきあし》	𤴔	旋《セン》 疎、疑
		之《シ》（ゆく）	之《シ》 乏
	*癶《はつがしら》		発《ハツ》 登
	*走《そうにょう》	走	起《キ》 赴、越、趣
	*辵《しんにゅう》	辶	近《キン》 返、迫、逃

たとえば、癶《はつがしら》は「止《シ》」と、これと向きが反対の「《タツ》」が並んだ形（）で、左右の足をそろえる形、この止《シ》と《タツ》がたてに重なると、「＝歩《ホ》」となり、右と左で歩《ある》くとなる。

また夊《なつあし》（）が二つ重なると、これ夅《コウ》（）＝降《お》りるとなり、これ

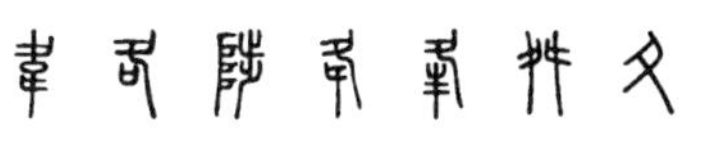

夂	舛	夆	夅	陟	各	韋
夂*《なつあし》	舛*《まいあし》					韋*《イ》
夂	舛	夆《ホウ》	夅《コウ》	陟《チョク》	各《カク》	韋《イ》
麦《バク》 変、夏	舞《ブ》 瞬	峰《ホウ》 蜂、逢	降《コウ》(おりる)	陟《チョク》(のぼる)	客《カク》 格、閣、絡	緯《イ》 違、衛、偉

が上を向くと、陟《チョク》(のぼる)となり、そのあし(彐)がなかの国(口)をめぐると、韋《めぐるあし》(韋)となり、足(𤴓)が町の四つ角(彳)を行くと、辵《しんにゅう》(⻌)になる。

こうした一つ一つの変わり方にも、四つの基本の型が生きてつかわれていることがわかる。そのつもりになって見れば、疋《ひきあし》や、走《そうにょう》や、足《あしへん》(⻊)や、辵《しんにゅう》(⻌)の下部に共通の形を見つけだしたり、各《カク》や舛《セン》や夆《ホウ》や夅《コウ》のそれぞれに、共通の形(夂《なつあし》)を見つけだしたりして、足の変形であることをつかむのも、それほどむずかしいことではないのである。

そしてそれができれば、これらの足のはたらきをあらわしているおおもとの漢字はすでに「知ってる漢字＝止《シ》」であることを確かめることもたやすいはずである。

❹——意外な形で思わぬところにひそんでいる「卩《セツ》」の系列

卩《セツ》（ふしづくり）は、人がひざまずく形で、人に従う意味をもっているという。この形が組み合わさると、次のような意外な形になったり、組み合わさり方によっては思わぬところに位置したりする。

卩《セツ》は「ふしづくり」と名づけられ、一般的には竹の節《ふし》であるという説がある。しかし、それは誤りで、じつは人のひざまずく形である。節《セツ》は使節の節であって、竹使符《ちくしふ》（竹の書状）をもったお使いのひざまずく姿であるという。

古代文字

卩《セツ》（ふしづくり）

そのことは、ここに掲げた卩《セツ》のつく漢字のほとんどが、人のひざまずく意味にかかわっていることからもうなずけると思う（『字統』による）。

しかし、ここでは、その形の変わり方にそくして、とりあげなければならない。卩《セツ》が下の部分につくときは、たて線がつりばりに変わり、下におし縮められる（㔾）。

危《キ》は、がけ（厂）の下にひざまずく人（㔾）の形を加えたものであり、色《ショク》（）は男女の相交わる姿であるという。

また𠬝《フク》は、て（又）がひざまずく人（卩）をおさえつける形で、人に屈服するものの形であるという。

そして卬《コウ》は、人があお向けにねて、これを上からおさえている形である。下からみれば仰ぐになり、上からみれば抑えるになる。平面でみれば、あちらから来る人を迎える形になるという。

古代文字	部首	変化した形	漢字の例（かならずしもその部首に属している漢字ではない）
	*卩（⺋）		印《イン》　即、卸、卵
		㔾《セツ》	危《キ》　色、宛、選
		卬《コウ》（向かいあう人）	抑《ヨク》　迎、仰
		𠬝《フク》	服《フク》　報
		⺋（令）	令《レイ》（令）　命

㔾《セツ》（⺋）のように変形したり、𠬝《フク》や卬《コウ》のように組み合わさった形からもとの漢字（部首）を直接とりだすことは容易ではない。

けれど、部首もまた基本漢字が組み合わさるときとおなじように形を変えることがあるとして、四つの基本型の応用問題として位置づけるといい。

こうしてとりあげた一例一例は、直接、漢字を分解する力となって子どもたちの身についていく。つまり、どんな複雑な漢字も、無意味な点や線はない。よく分からない漢字の部分も、すでに学習した漢字や部首のどれかにつながるはずである。

こうして自力でもとの漢字に復元したり、予想をたてて辞典をひいて確かめたりすることができるようになれば、〃分けて見つける〃喜びは倍加する。

漢字の構造から言って、漢字を分解することは、一〇一漢字や部首をふくめた少数の基本漢字と、大多数のあわせ漢字をつなげる役割をになっているのである。

❺ 自然をあらわす部首の系列によるパノラマの展開

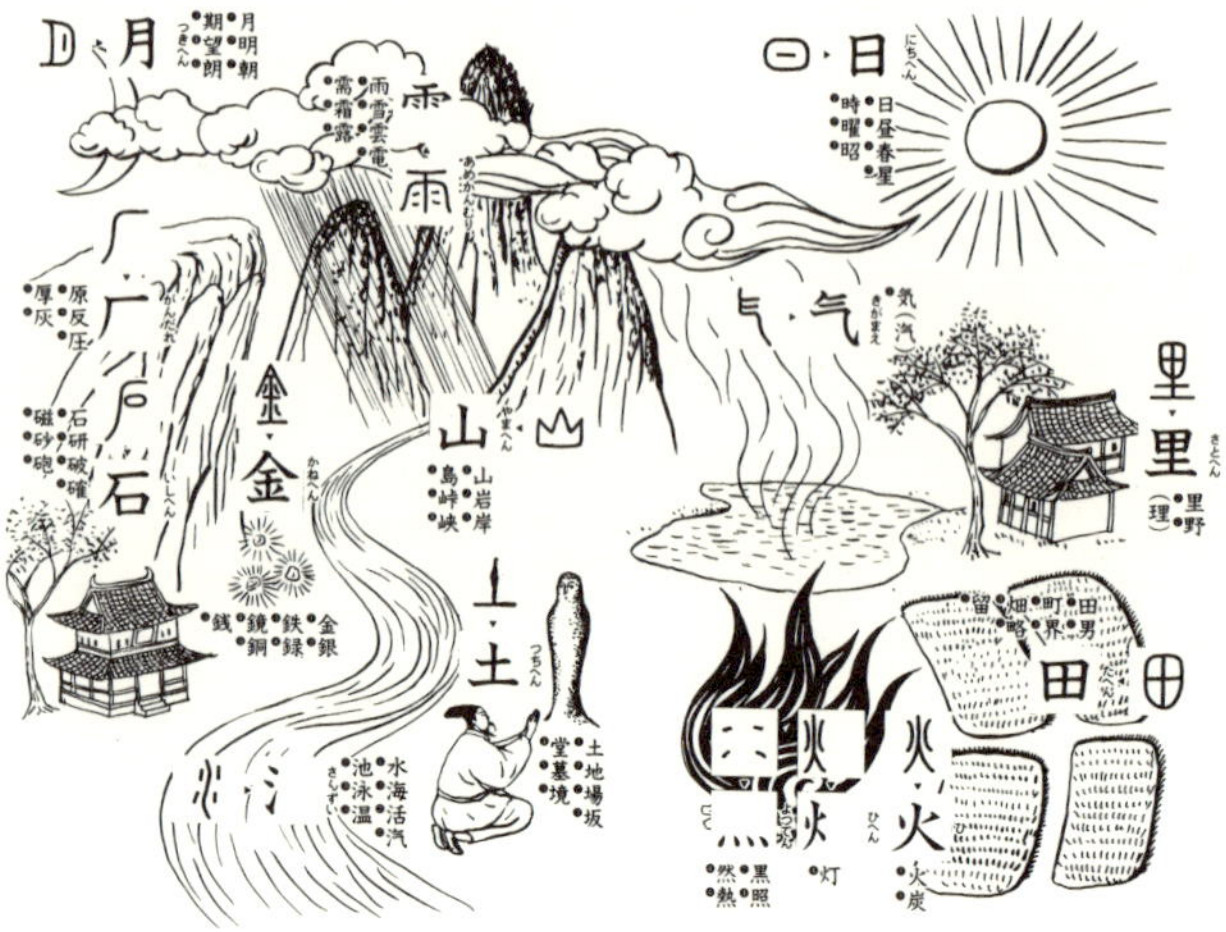

右手の形をあらわした又《ユウ》が、その形と義《（いみ）》になって系列をつくるとすれば、日や月や山や川などの自然をあらわしている部首は、次のような風景画のなかで、パノラマ風に展開することができる。こうして人の暮らしをとりまく自然や自然現象をあらわしている部首のそれぞれの系列をみてとることができるのである。

漢字は、人や人の暮らしを中心に、これにかかわる森《しん》羅《ら》万《ばん》象《しょう》をうつしだしている。

文字学の聖典ともいわれる『説文解字』によれば、漢字を存在の秩序に対応するものとしてそれに一定の体系を与えようとした。そこで、当時の漢字九千三百余字を五四〇の部首に分けて序列した。その序列の次第は、天地の生成よりその変化の理に及ぶという（『白川静著作集2』「六書と文字学」一一三ページ、平凡社）。

こうしてできあがった部首は、その後、『康熙字典』により画数別の二一四の部首に統合・整理されたが、かつて「存在の秩序に対応する」ように体系づけられたという部首の名残りは、いまもなお次のようにうけつがれている。（以下は、『漢字がたのしくなる本・ワーク3』にとりあげた部首の系列。）

①—人からできた部首　16（180字）〈（　）の数字は、その部首に属する漢字の数。〉

人《ひと》（亻《にんべん》、𠆢《ひとやね》96）、儿《ひとあし》（10）、立《たつへん》（5）、大《だい》（15）、卩《ふしづくり》（7）、色《いろ》（1）、欠《あくび》（8）、旡《むにょう》（1）、身《みへん》（1）、勹《つつみがまえ》（3）、耂《おいがしら》（3）、長《ながい》（1）、匕《ひとのひ》（2）、比《ならびひ》（1）、疒《やまいだれ》（12）、尸《おしりのしかばね》（14）

②—手からできた部首　11（136字）

手《てへん》（扌85）、又《みぎてのまた》（10）、支《ささえる》（1）、攵《むちづくり》（16）、殳《るまた》（5）、寸《すん》（12）、爫《つめかんむり》（1）、厶《わたくしのむ》（2）、廾《にじゅうあし》（2）、聿《ふでづくり》（1）、隶《れいづくり》（1）

③—足からできた部首　9（77字）

足《あしへん》（⻊9）、止《とめへん》（6）、走《そうにょう》（⻎6）、疋《ひきのあし》（2）、夂《なつあし》（2）、辶《しんにゅう》（49）、癶《はつがしら》（2）、韋《めぐるあし》（0）、舛《まいのあし》（1）

④—人のからだからできた部首　20（232字）

目《めへん》（16）、耳《みみへん》（5）、口《くちへん》（59）、舌《した》（3）、歯《は》（2）、首《くび》（1）、自《みずから》（2）、鼻《はな》（1）、心（忄《りっしんべん》・⺗《したごころ》70）、面《めん》（1）、頁《おおがい》（17）、毛《け》（1）、骨《ほねへん》（2）、歹《いちたへん》（5）、白《しろ》（5）、肉（月《にくづき》30）、血《ち》（2）、見《みる》（7）、臣《けらいのしん》（2）、艮《こんづくり》（1）

⑤—人のよび名からできた部首　6（60字）

母（毋《ははのかん》3）、子《こへん》（9）、父《ちち》（1）、女《おんなへん》（31）、王《おうへん》（11）、士《さむらいのし》（5）

⑥—動物からできた部首　16（105字）

馬《うまへん》(6)、犬《いぬ》(犭《けものへん》16)、牛《うしへん》(⺧6)、羊《ひつじ》(5)、豕《いのこへん》(3)、虍《とらがしら》(4)、角《つのへん》(3)、皮《かわ》(1)、牙《きばへん》(0)、鳥《とりへん》(3)、隹《ふるとり》(9)、羽《はね》(6)、虫《むし》(7)、貝《かいへん》(31)、辰《しんのたつ》(2)、魚《うおへん》(3)

⑦—植物からできた部首　6(168字)

木《き》(木《きへん》75)、禾《のぎへん》(22)、竹《たけ》(⺮《たけかんむり》23)、艹《くさかんむり》(36)、生《うまれる》(2)、米《こめへん》(10)

⑧—自然からできた部首　13(328字)

日《にちへん》(34)、月《つきへん》(8)、雨《あめかんむり》(⻗13)、气《きがまえ》(1)、山《やまへん》(13)、土《つちへん》(46)、火《ひ》(火《ひへん》、灬《よつてん》24)、水《みず》(氵《さんずい》109)、金《かねへん》(29)、石《いしへん》(26)、厂《がんだれ》(4)、田《たへん》(17)、里《さとへん》(4)

⑨—家と町からできた部首　11(129字)

宀《うかんむり》(35)、戸《とだれ》(6)、門《もんがまえ》(10)、至《いたる》(2)、广《まだれ》(16)、穴《あなかんむり》(9)、囗《くにがまえ》(12)、阝《おおざと》(11)、彳《ぎょうにんべん》(19)、廴《えんにょう》(3)、行《ぎょうがまえ》(6)

⑩—道具からできた部首　18(219字)

弓《ゆみへん》(10)、矢《やへん》(4)、刀《かたな》(刂《りっとう》30)、斤《おのづくり》(4)、戈《ほこづくり》(5)、力《ちからづくり》(22)、厶《わたくしのむ》(2)、罒《あみがしら》(6)、車《くるまへん》(15)、舟《ふねへん》(7)、皿《さらあし》(8)、酉《さけづくり》(12)、食《しょく》(飠《しょくへん》10)、糸《いとへん》(51)、彡《さんづくり》(5)、巾《はばへん》(5)、衣《ころも》(衤《ころもへん》19)、幺《いとがしら》(4)

⑪—神・ことばからできた部首　7(118字)

言《ごんべん》(61)、音《おと》(2)、阝《こざとへん》(28)、曰《ひらび》(6)、卜《うらないのと》(1)、示《しめす》(礻《しめすへん》15)、工《こうへん》(5)

以上、一三三の部首は、『康熙字典』で整理された二一四部首の半分を少し越えたにすぎない数だが、それでも人や人の暮らしを中心に、造化のすべてを統合し、全体としてみごとな体系をなしてつながっているのである。

ちなみに、一二三の部首に属する常用漢字は一七五二字で、常用漢字全体（一九四五字）の九〇パーセントに達することになる。つまり、全部首のおよそ半分ほどの部首だが、使用頻度数の多い部首を集めているので、常用漢字のほとんどはこの部首のなかにふくまれているのである。

なお、テキスト3の『一九〇の部首』に属する常用漢字は全体の九九パーセントに達している。

◉Ⅳ章◉ 会意文字と形声文字

1 会意文字とはなにか

❶ 会意文字の成り立ち

ごくふつうに「漢字は絵からできた文字である」といわれているが、厳密にいうと、絵からできた漢字は象形文字を中心にした基本漢字であって、漢字の大部分を占める形声文字は音をてがかりにした記号の組み合わせからできている。つまり、漢字のほとんどは直接絵からできた文字ではない。

「絵からできた文字」というのは、現実のものごとを絵のようにかたどってできた象形文字や指事文字をさしている。

これらの漢字は、形そのものが義《いみ》をさししめすと同時に、それをことばとしてあらわす音をもっている。それで昔から漢字は形・音・義を固有しているといわれている。

こうした漢字が、それぞれの義をになった形を組み合わせ、双方の義を生かしてつくったあわせ漢字が会意文字である。

したがって、現実をかたどってできた象形文字や指事文字はもちろんだが、これらの漢字の義《いみ》をになった形を組み合わせた会意文字までもふくめて、絵からできた文字ということができる。

たとえば、つぎの表のように、耳と又《て》は現実の姿を絵のようにかたどった象形文字である。そのそれぞれの義を生かしてその形を組み合わせると、《又《て》で耳を取る》の取《と-る》というあわせ漢字ができる。これが会意文字である。以下、いくつかの例をあげてみる。

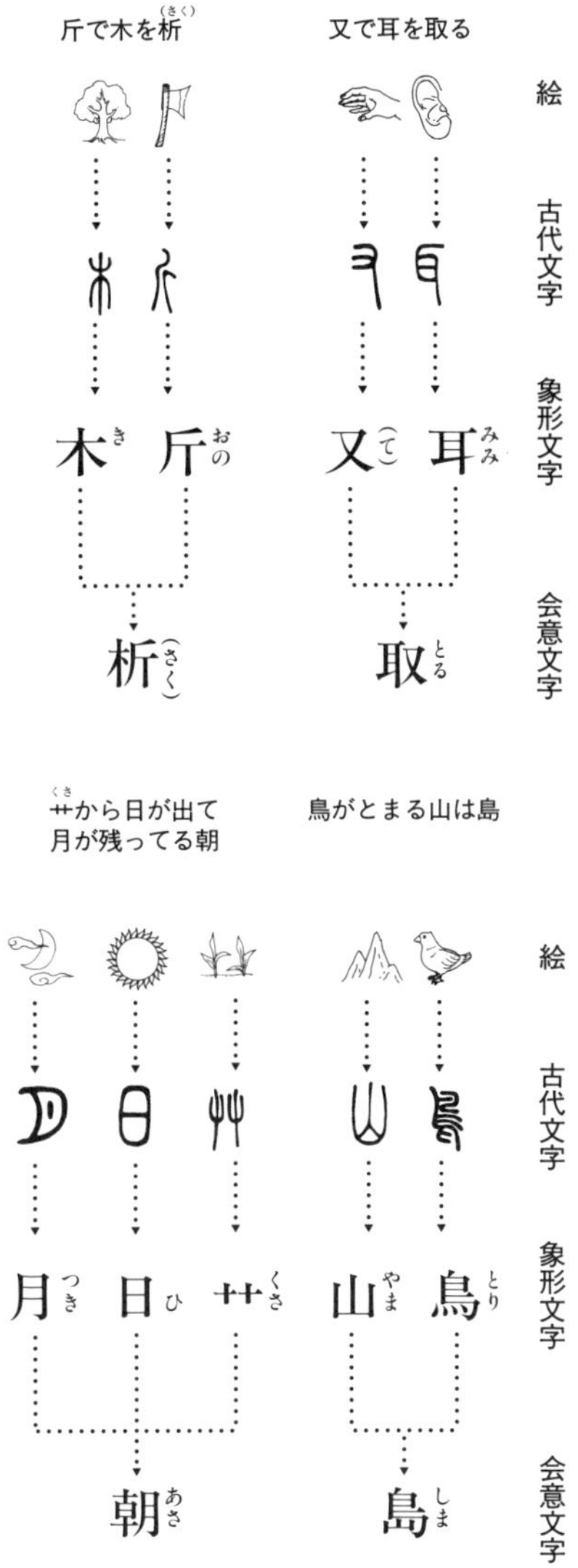

このように象形文字や指事文字は、現実をかたどった形そのものが義をになっている。その形は、一部分が変形したり、省略されたりすることはあっても、なお、それとわかる原型(形体素)をたもって組み合わさり会意文字をつくっているのである。

白川静先生は、この象形文字と指事文字、その義《いみ》をになった形を組み合わせてつくった会意文字をあわせて「象形的方法による基本漢字」と名づけている。

この象形的方法によってできた漢字こそ、「絵からできた文字」というにふさわしい漢字であり、絵からできたことを子どもたちにも説明し、納得してもらえる漢字である。そして、この象形的方法によってつくりだされた基本漢字が、漢字の大部分を占める形声文字をつくりだす母胎になっているのはいうまでもない。

白川先生は、『説文解字』の昔から「象形的方法によってつくられた基本漢字」の数はほとんど変わっていないとして、次のように述べている。

「〔説文〕が象形あるいは指事と解している字数は約七百三十五字、会意とするものを加えると約千三百九十字である。それが象形的方法による基本の字数であると考えてよい。〔説文〕の総字数九千三百五十三字に対して、その後の増加した字を収める南宋の……〔通志略〕六書略には二万四千二百三十五字を録するが、その象形・指事・会意の合計数は千四百五十五字で、……〔説文〕以後には増加することがなかったとみてよい。……」（『白川静著作集2』「六書と文字学」一六ページ、平凡社）

漢字が絵からできた文字であるのは、この「象形的方法による基本漢字」までであって、その数は『説文解字』の昔からほとんど変わっていないというのである。

その後、ふえた何万という漢字は、「象形的方法によってつくられた基本漢字」の義《いみ》を捨てた音記号と、部首（限定符）によってつくられた形声文字である。したがって、漢字の大部分を占める形声文字は、直接、絵からできた文字ではないので、絵からできたことを説明することはできないのである。

ちなみに、現代つかわれている一九四五字の常用漢字のうち、象形文字はおよそ二五〇字（13%）、指事文字一〇字（0.5%）、会意文字五〇〇字（26%）で、いわゆる象形的方法による基本漢字は七六〇字（39%）である。この基本漢字を母胎としてつくられた形声文字はおよそ一二〇〇字（61%）を占めている。（『字統』によって調べる。）

象形的方法による基本漢字の数がほぼ一定しているとすれば、『康熙字典』のように全体の漢字数が増えれば増えるほど、形声文字の占める割合は高くなり、九八パーセント以上（『康熙字典』の場合）にもなるのであるという。

❷ 形声文字の音記号となる会意文字

そのつくり方（造字法）から言えば基本漢字である象形や指事や会意文字も、部首や音記号となる使い方（用字法）から言えば、漢字の大部分を占める形声文字の要素として、その中心になる形として位置づけなければならない。

〝分ければ見つかる知ってる漢字〟という学習方法のポイントは、義《いみ》をになった基本漢字が、その形を仲立ちにして部首や音記号に転化し、漢字の大多数を占める形声文字を組み立てている、その漢字のしくみをつかむことである。

さて、会意文字の性格をいっそう明確につかむためには、次のようないくつかの漢字をとりあげ、音を捨

	象形的方法による基本漢字			音系列によってつくられる漢字	
	古代文字	象形文字	会意文字	音記号	形声文字
工	たくみ	工《コウ》	打ってものをつくる → 攻《コウ》(せ-める)	工《コウ》	功《コウ》 江《コウ》 肛《コウ》 紅《コウ》 貢《コウ》
付	ひと／て	人《ジン》 寸《スン》	寸《て》で人にものをわたす → 付《フ》(つ-ける)	付《フ》	府《フ》 附《フ》 符《フ》 腐《フ》
莫	くさむら／ひ	茻《ソウ》 日《ニチ》	日が茻《くさむら》にかくれて、くれる、ひぐれ → 莫《バク・ボ》(ひぐれ)	莫《バク・マク》 莫《モ・ボ》	幕《マク・バク》 膜《マク》 漠《バク》 暮《ボ》 墓《ボ》 募《ボ》 慕《ボ》 模《モ・ボ》
甫	なえき	甫《ホ》 口《イ》 甫《ホ》 寸《スン》	甫《なえ》をうえるかこい＝口 → 圃《ホ》(はたけ)／甫《なえ》を寸《て》でうえる → 尃《フ・ハク》(うえる)	甫《ホ》 尃《フ・ハク》	捕《ホ》 補《ホ》 浦《ホ》 舗《ホ》 博《ハク》 薄《ハク》 縛《バク》 簿《ボ》 敷《フ》

てて義《いみ》を生かして組み合わさる会意文字と、義を捨てて音を生かして組み合わさる形声文字とを対比させてみなければならない。

たとえば、人《ひと》と寸《て》という二つの象形文字がそれぞれの音を捨てて義を生かして組み合わさり、《人に寸《て》でものをわたす、つける》という義の会意文字「付《フ》」ができる。

このとき、人《ジン》と寸《スン》という音は捨てられ、会意文字をあらわすことばとして付《フ》という音があらためてつけ加えられる。こうしてできた会意文字も音記号として使われるときは原則としてその義は捨てられ、付《フ》という音をになった音記号の系列をつくって形声文字がつくられるのである。

音記号として使われるときは原則としてその義は捨てられる。原則としてと言わなければならないのは、音記号のなかには《文《(てでうって)》ものを工《(つくる)》》攻《コウ》や、《日《ひ》が茻《くさむら》にしずむ》暮《ボ》のように、形声文字のなかにまで、その義をひきずっているものがあるからだ。

さらに、会意文字のなかには攻《こう》(ものをつくる)や圃《ホ》(はたけ)のように、形のうえでも音のうえでも形声文字とほとんど区別のつかないものまである。

会意文字の性質を明らかにするためには、その形が義を生かしているのか、音《おん》をになっているのか、それともその双方なのかを形声文字と比較しながら明らかにしていかなければならない。

2 会意文字と形声文字

❶ 仮《か》借《しゃ》と転《てん》注《ちゅう》

かつてNHKで、たしか「おもしろ漢字ミニ辞典」という名の番組があった。

その番組では形声文字の音記号の系列をとりあげ、その音記号と部首の双方がまるで意味をもつ会意文字ででもあるかのように、イラストや役者の寸劇などもまじえて、おもしろおかしく解説していた。

それはあたかも観るものには形声文字の典型のようにみえた。そのため、系列をなしてつながる形声文字の音記号のすべてが、こうした意味をもっているかのような誤解を視聴者にいだかせる結果となってしまったようだ。

しかし、義《いみ》をになう音記号は転注法《てんちゅうほう》という特殊な用字法によるもので、数もそれほど多くはないことを白川静先生は指摘している。そして、ほとんどの形声文字は仮借法《かしゃほう》という義を捨てた音記号によってつくられている。つまり、形声文字の音記号は意味をもたないのが原則なのである。

それには、『説文解字』でとりあげられている象形、指事、会意、形声、仮借《かしゃ》、転注《てんちゅう》といわれる六つの造字法(仮借と転注は用字法)である六書《りくしょ》のなかの仮借と転注という二つの用字法についてふれておかなければならない。

仮借とは、時刻や方位などもともと文字のなかったことばをあらわすために、まったく別の漢字からその音《おん》だけを仮《かり》に借《か》りてきてあらわしたつかい方である。

たとえば、時刻の今《いま》《もとは壺《つぼ》の蓋《ふた》》、昔《むかし》《もとは乾し肉》だった。方位の東《ひがし》《もとは橐《ふくろ》》、西《にし》は《もとは籠《かご》》だった。また、打ち消しの不《フ》《もとは花のうてな》、無《ム》《もとは人の舞う形》だった。

こうした漢字のつかい方を仮借とよんでいる。形声文字の音記号のほとんどは、この仮借字によってつくられ、そのつくり方を仮借法とよんでいる。したがって、形声文字の音記号は義《いみ》をもたないのが原則である。ところが、形声文字のなかには音記号のもとの漢字の義を背負いこんだ転注《てんちゅう》という方法によってできる特別な漢字がいくつかある。

転注とは、「建類一首、同意相受」(『説文解字』)と説明されているが、この解釈をめぐって古来からさまざまな説があり、学者のあいだにもいまだに定説がないといわれている。白川先生はこの転注について次のように説明されている。

「……『建類一首』とは、同じ形をもつ系列の字であること、『同意相受く』とは、その建類の字によって意味が規定されることである。たとえば、巠《けい》(圣)は織物におけるたて糸の形である。それよりして垂直にして勁健《けいけん》(つよくすこやか)のものをいう。莖《けい》(茎)・頸《けい》・勁《けい》・輕《けい》(軽)・經《けい》(経)・徑《けい》(径)・陘《けい》などは、みな巠によってその声義をえている。……すなわちこれらは亦声《えきせい》の字である。……」（ふりがなと（　）内の常用漢字字体は筆者、『白川静著作集2』「六書と文字学」二〇ページ、平凡社）

転注とは、このように音記号になった漢字が、なおもとの漢字の意味をふくんでいる使い方を言っている。そして、こうした漢字は形声文字と区別してとくに亦声《えきせい》ということがあるとしている。亦声とは「声《こえ》（音記号の系列）も亦《また》、義《いみ》をになう」というほどの意味であろう。

ところで、この亦声という漢字はそれほど多くはないし、おなじ形の音記号のなかにいつも一貫した義の系列があるというわけでもない。

たとえば、曾《ソウ》（曽）という音記号は、もともと甑《こしき》《米をむすせいろ》だから、《重ねたもの》を意味している。したがって、この曽《ソウ》を音記号にもつ層《ソウ》《上下に重なる》や増《ゾウ》《土を重ねてふえる》などはたしかに《重ねたもの》の義をうけついでいる。しかし僧《ソウ》（そうりょ）、憎《ゾウ》（にくむ）、噌《ソウ》（かまびすしい）、繒《ソウ》（いぐるみ）、贈《ゾウ》（おくる）などはかならずしも《重なる》の義をになっているわけではない。つまり、形声文字の音記号は、義をもたないのが原則なのである。

にもかかわらず、同形の音記号のつながりがになう一貫した義《いみ》の系列のみごとさにひかれるのか、これが形声文字の構造の典型かのような錯覚におちいってしまうことが古来からもよくあったらしい。

「形声字の声符（音記号）は、意味をもたない音符であるのが原則である。宋の王安石は「字説」をあらわして、すべての字の要素に意味を認めようとした。かつて蘇東坡に『波は水の皮である』といったところ、東坡は『それでは滑は水の骨ですか』と応じたという。……」（同上「六書と文字学」一九ページ）

NHKの「おもしろ漢字ミニ辞典」は、すべての音記号が意味をもつかのようにとりあげた。そのため形声文字の構造の原則と特殊とを混乱させてしまうことになった。

形声文字の音記号は意味をもたないのが原則であることを確認し、しかし、なかには「亦声《えきせい》」という特殊なグループもあるとしなければならない。

そのうえで、これら形声文字のグループと、義《いみ》をになった形(形体素)が組み合わさる会意文字との相違をとりあげなければならないのである。

❷——限定符がつくる形声文字と、形体素がつくる会意文字

「漢字がたのしくなる本」シリーズのテキストやワークブックでは「形声文字は部首と音記号で組み立てられている」と規定しているが、厳密に言えば、これは正しくない。

たしかに、ほとんどの部首は限定符となって音記号と組み合わさり形声文字をつくっているが、部首のなかにはそのもとの漢字の義(形体素)を生かして組み合わさり、会意文字をつくっているものもあるからだ。

限定符とは、その漢字(ことば)が広範な現実のどの分野に属しているのかという範疇《はんちゅう》を示す記号であって、意味にかかわるものではないという。

氵(さんずい)なら自然界に存在する水のありかたをさし示しているし、木(きへん)なら植物のなかでもとくに木質部分の発達している樹木のさまざまな属性をあらわしている。

たとえば、その木(きへん)が限定符となり、これに寸《すん》や公《こう(しょう)》の音記号が組み合わさると、村《そん》(むら)や松《しょう》(まつ)などの形声文字ができる。このときできる形声文字の村《そん》や松《しょう》は、寸《そん》や公《しょう》の音《おん》が生かされていることはいうまでもないが、その反対に、寸《すん》(親指の幅)や公《こう》(おおやけ)の意味は直接生かされてはいない。

ところが、その木(きへん)が、もとの漢字の義《(いみ)》をになった形(形体素)で組み合わさると、林《りん》《木《き》と木《き》で林《はやし》》とか、析《せき》《斤《おの》で木《き》を析《(さく)》》という会意文字ができる。

このときできる会意文字の林《りん》や析《せき》は、木《き》や斤《おの》というもとの漢字の義をそれぞれ生かして組み合わさっている。けれど、木《ボク》や斤《キン》という音は捨てさられ、新しくできた会意文字として林《りん》や析《せき》の音がつけ加えられるのである。

このことについて白川先生は次のように述べている。

「……限定符はその語の属する範疇を示すものであって、意味的な形体素として語義の構造に参加するものではない。……

部首をもっていえば山水草木、鳥獣虫魚など、その部に属する字はおおむね形声字であり……部首字が行為的な意味をもつ字である場合、その属する字は形声字であるよりも会意字であることが多い。……」(『白川静著作集1』「字形学の問題」二四五ページ、平凡社)

この説明にしたがって、形声文字の多い山水草木の部首や、会意文字の多いといわれる行為的な意味をもつ部首をとりあげ、常用漢字のなかでの形声文字と会意文字を調べてみた。

そのすべてを載せるのは煩雑になるので、漢字数の少ない部首を一例だけ載せ、あとは分数で示す。分母はその部首に属する常用漢字の総数、分子は形声文字（あるいは会意文字）。

◉限定符となって形声文字をつくることが多い部首――（形）は形声、（会）は会意、（象）は象形、（指）は指事、（仮）は仮借字、（国）は国字（国字は会意文字的な組み合わせが多い）。

★山《やまへん》の部……（象）山《サン》　（象）岳《ガク》　（形）岸《ガン》　（象）岩《ガン》　（形）峡《きょう》　（国）峠《とうげ》　（会）島《トウ》　（形）峰《ホウ》　（形）崇《スウ》　（形）崩《ホウ》……5/10

山《やまへん》の部の常用漢字はすべてで十字、そのうち五字が形声文字である。

以下、それぞれの部首の常用漢字数は分母で、形声文字数は分子で示す。

★水《さんずい》（氵）の部……89/100

★艹《くさかんむり》の部……30/36

★木《きへん》の部……49/73

◉もとの漢字の義《いみ》（形体素）を生かして会意文字をつくることが多い部首

【手足の動きをあらわす部首】

★攵《むちづくり》の部……（形）改《カイ》　（象）敢《カン》　（会）救《キュウ》　（会）教《キョウ》　（会）敬《ケイ》　（会）故《コ》　（会）攻《コウ》　（会）散《サン》　（会）赦《シャ》　（会）数《スウ》　（形）政《セイ》　（形）整《セイ》　（形）敵《テキ》　（会）敗《ハイ》
（会）敏《ビン》　（形）敷《フ》　（会）放《ホウ》……11/17

攵《むちづくり》の部の常用漢字はすべてで一七字、そのうち、一一字が会意文字である。

以下、それぞれの部首の常用漢字数は分母で、そのなかの会意文字数は分子で示す。

★殳《るまた》の部……5/6

★彳《ぎょうにんべん》の部……6/19

★辶《しんにゅう》の部……8/49

【家や建物などをあらわす部首】

★宀《うかんむり》の部（やねのある建物）……23/35

★广《まだれ》の部（ひさしの深い建物）……3/16

★門《もんがまえ》の部……5/10

以上のように、ひとくちに部首といっても、その部首が限定符となって音記号と組み合わされば形声文字となり、そのおなじ部首がもとの漢字の義（形体素）を生かして、他の形体素と組み合わされば会意文字となる。

したがって、義（形体素）をてがかりに組み合わさる会意文字を学習することは、音をてがかりに限定符と組み立てられている形声文字の構造をいっそう厳密に、鮮明にとらえることにもなるのである。

❸——辞典によってことなる字源の説明

部首が、もとの漢字の義《いみ》（形体素）を生かして他の形体素と組み合わされば会意文字となり、そのおなじ部首が語の範疇を示す限定符として音記号と組み合わされば形声文字がつくられる。

会意と形声の違いをこのように把握してみても、この相違点は学者によって微妙なくい違いがあり、そうしたくい違いの学説によってつくられる辞典には、ひとつの漢字についても字源の違うさまざまな説があらわれることになる。

たとえば、『字統』では「室《しつ》」を《宀《べん》と至《し》の会意文字で矢の至る所に建てるみたまや=廟》であるとしている。

ところが、手元にあるいくつかの辞典のうち、室《しつ》を会意文字とみているのは一つだけで、べつの二つの辞典は《至《し》が音を表す》として形声文字とあつかい、ほかの一つは《室は「宀（やね、いえ）＋音符至」の会意兼形声文字》として位置づけている。

山水草木など、そのほとんどが形声文字をつくっている部首では、辞典の説明もほぼ共通して一致しているが、手足の動きなど、会意文字をつくることの多い部首では、辞典の説明のくい違いがかなり目立っている。

そこで、手元にあるつぎの五つの辞典で象形か、会意か、形声か、それとも会意兼形声であるのかについて調べてみた。調べた辞典名と著者はつぎのとおり、表では①から⑤までの番号で示す。

①―『字統』白川静著・平凡社
②―『角川漢和中辞典』貝塚茂樹他編・角川書店
③―『岩波漢語辞典』山口明穂他編・岩波書店
④―『新明解漢和辞典』長澤規矩也他編・三省堂
⑤―『学研漢和大字典』藤堂明保編・学習研究社

このようにいくつかの辞典に記載されている字源の相違は、その部首が限定符としてはたらいている形声文字の記号なのか、それとも実質的な義をになって会意文字をつくっている形体素なのかを判定するむずか

部首別の漢字／辞典名	手足の動きをあらわす部首									建物などをあらわす部首								
	攵《むちづくり》(攴)部			殳《るまた》部			辶《しんにゅう》部			宀《うかんむり》部			广《まだれ》部			門《もんがまえ》部		
	故《コ》	教《キョウ》	敗《ハイ》	殺《サツ》	殴《オウ》	段《ダン》	道《ドウ》	退《タイ》	逸《イツ》	家《カ》	安《アン》	宿《シュク》	庫《コ》	度《ド》	庸《ヨウ》	間《カン》	開《カイ》	閉《ヘイ》
①字統	会意	会意	会意	会意	会意	会意	会意	会意	会意	会意	会意	会意	会意	会意	会意	会意	会意	会意
②中辞典	形声	形声	形声	形声	形声	形声	形声	形声	形声	形声	会意	会意	会意	形声	会意	形声	形声	会意
③岩波	形声	形声	形声	会意	形声	形声	形声	会意	会意	会意	会意	会意	会意	形声	形声	会意	会意	会意
④三省堂	形声	会意	形声	形声	会意	形声	会意	会意	会意	形声	会意	形声	会意	形声	会意	会意	形声	会意
⑤学研	会意兼形声	会意兼形声	会意兼形声	会意	会意兼形声	会意兼形声	会意兼形声	会意	会意	会意	会意	会意兼形声	会意	形声	会意兼形声	会意	会意	会意

しさをあらわしている。

その判定は、文字学上の高度な知識を必要とするし、いまなお学者が論争しなければならない学問上の問題もはらんでいる。

それに対して、私たちが漢字を分解し、その形・音・義のはたらきをつかもうとするのは、あくまでも、すでに知っている漢字によって体系的に組み立てられている漢字のしくみをつかみたいためである。

そのためには、限定符とか形体素(意味をもった形なので意義素ともよばれる)などという学術用語は避けて、多少、正確さは欠いても「形声文字は、部首と音記号で組み立てられている」という単純化した規定で、形声文字の構造をとりあえずつかむことが大切である。

これなら小学校の中・高学年の子どもた

ちを対象とした学習方法としてもむりなく位置づけられる。

そして、会意文字と形声文字の相違は、語の範疇をあらわす限定符とか、意味をあらわす形体素などという義《いみ》の側面からではなく、次のような系列をもってつながる音の側面からとりあげるほうがはるかにわかりやすいにちがいないと考えたのである。

❹——音でみわける会意文字と形声文字

小学校でも高学年になってくると、それまでの漢字学習の経験から「おなじ形をもつ漢字は、すべておなじ音をもっている」という自己流のルールをつくり、これにあてはめて使おうとする子どもがでてくる。

これまでの経験で、一、二年の漢字では、

会《カイ》→絵《カイ》　気《キ》→汽《キ》　園《エン》→遠《エン》　池《チ》→地《チ》　点《テン》→店《テン》

と発音してきている。

そこでまず第一に、

①形声文字の音記号は、「おなじ形がおなじ音をもっているのが原則である」ことをとりあげる。

〈音記号〉白《ハク》　宿泊《しゅくはく》の泊《ハク》　船舶《せんぱく》の舶《ハク》　迫力《はくりょく》の迫《ハク》　拍手《はくしゅ》の拍《ハク》　画伯《がはく》の伯《ハク》

そのつぎには、

②形声文字の音記号のなかには、「おなじ形が似ている音にゆれたり、まったく違う音のように思えるもの

さえある」ことをつけ加える。

★清音・濁音でゆれる音記号

〈音記号〉方《ホウ》　訪問《ほうもん》の訪《ホウ》　芳香《ほうこう》の芳《ホウ》　坊主《ぼうず》の坊《ボウ》　消防《しょうぼう》の防《ボウ》　妨害《ぼうがい》の妨《ボウ》

★母音でゆれる音記号

〈音記号〉古《コ》　枯木《こぼく》の枯《コ》　胡弓《こきゅう》の胡《コ》　湖水《こすい》の湖《コ》　苦心《くしん》の苦《ク》　箇条書《かじょうが》きの箇《カ》

★その他でゆれる音記号

〈音記号〉尚《ショウ》　賞品《しょうひん》の賞《ショウ》　車掌《しゃしょう》の掌《ショウ》　非常《ひじょう》の常《ジョウ》　お堂《どう》の堂《ドウ》　政党《せいとう》の党《トウ》

〈音記号〉兑《エツ》　脱衣《だつい》の脱《ダツ》　喜悦《きえつ》の悦《エツ》　説明《せつめい》の説《セツ》　税金《ぜいきん》の税《ゼイ》　鋭利《えいり》の鋭《エイ》

〈音記号〉罙《シン》　深海《しんかい》の深《シン》　探検《たんけん》の探《タン》

そのあとで、形声文字の音記号とおなじ形はしていても、義《(いみ)》を生かして組み合わさっている会意文字をさしだし、その用字法の相違をとりあげる必要がある。

③おなじ形はしていても、会意文字の音は違っている。

もとの漢字の音は捨てて、義を生かして組み合わさっている会意文字は、たまたま形声文字とおなじ形はしていても、その音はまったくちがうのがふつうである。

【形声文字の音記号とおなじ形をもっている会意文字の音《おん》】

音記号	形声文字	会意文字
丁《チョウ・テイ》	庁《チョウ》　町《チョウ》　頂《チョウ》　訂《テイ》　灯《トウ》	打《ダ》

且《ソ・ショ》	祖《ソ》阻《ソ》租《ソ》組《ソ》粗《ソ》	助《ジョ》
令《レイ》	冷《レイ》伶《レイ》鈴《レイ》玲《レイ》領《リョウ》	命《メイ》
申《シン》	伸《シン》神《シン》紳《シン》	電《デン》
更《コウ》	硬《コウ》粳《コウ》梗《コウ》	便《ベン》
肖《ショウ》	消《ショウ》梢《ショウ》宵《ショウ》硝《しョウ》	削《サク》
矛《ム》	務《ム》霧《ム》	柔《ジュウ》
堇《キン》(菫・莫)	勤《キン》謹《キン》漢《カン》	難《ナン》
斤《キン》	近《キン》欣《キン》祈《キ》	析《セキ》折《セツ》匠《ショウ》
丩《キュウ》	糾《キュウ》赳《キュウ》叫《キョウ》	収《シュウ》
辰《シン》	唇《シン》振《シン》娠《シン》震《シン》	農《ノウ》辱《ジョク》
少《ショウ》	抄《ショウ》妙《ミョウ》砂《サ》	劣《レツ》秒《ビョウ》
帚《フ・ソウ》(帚)	婦《フ》掃《ソウ》箒《ソウ》	帰《キ》
必《ヒツ》	秘《ヒ》泌《ヒツ》	密《ミツ》
复《フク》(复)	復《フク》腹《フク》複《フク》覆《フク》	履《リ》
立《リュウ》	粒《リュウ》泣《キュウ》	位《イ》

こうして比べてみると、音をてがかりに系列をなしてつながる形声文字と、その音記号とおなじ形はしていても音を捨てて義《いみ》を生かして組み合わさった会意文字との違いが、その漢字音によって明らかに示されている。

さらに、おなじ字源をもとにした形が、その義《いみ》を生かして組み合わさった会意文字の一群をさしだせば、音をてがかりにしてできた形声文字との相違がいっそう明らかになるだろう。

❺――同じ形の字源をもとにしてできた会意文字のつながり

〈字源〉……………▼〈義《いみ》でつながる会意文字〉

★「至《シ》」《矢がゆきつくところ》……▼到《トウ》《矢がいたる》、室《シツ》《矢が至るところにつくるへや》、屋《オク》《矢が至るところにつくるいえ》、致《チ》《矢の至るところに人が至る》。

★「斤《キン》」《おの》……▼析《セキ》《斤《おの》で木をさく》、折《セツ》《、斤で草木をおる》、匠《ショウ》《斤をつかう大工》、質《シツ》《斤《おの》で貝=鼎《かなえ》=にきざむ約束》。

★「壴《コ・チ》」《つづみ》……▼鼓《コ》《壴《つづみ》を攴《うつ》》、喜《キ》《壴《つづみ》をうって神を喜ばす》、樹《ジュ》《壴《つづみ》をうっておはらいし、木をうえる》、彭《ホウ》《壴《つづみ》の音がふくらむ》。

★「禾《カ》」《いね》……▼委《イ》《禾《いね》をかぶっておどる女。しなやかな姿から、まげる、おだやか、まかせるの意味ができる》、季《キ》《禾《いね》をかぶっておどる子。そこからわかい、のち季節の意味となる》、年《ネン》《禾《いね》をかぶっておどる人=男、=禾《カ》と人《ジン》、のちに年《とし》の意味となる》。

こうして、その形が義《いみ》をになって組み合わさる会意文字と、その義は捨てて、その形が音をになって系列をつくる形声文字の特徴をつかむことができる。

しかし、古い歴史をもつ漢字には、形がかわったり、音がずれたり、義が広がったりして原則どおりにはならない例外や特殊な場合が少なくない。その例外や特殊に気をとられていると、肝心の原則を見失うおそれがある。

漢字のおおもとは、ものごとを絵のようにかたどってできた象形や指事文字であり、その義をになった形を組み合わせたのが会意文字である。これらは、義をになった形をてがかりにしてできた漢字なので、「象形的方法による基本漢字」ともよばれている。

この「象形的方法による基本漢字」のうちいくつかは、仮借法(まれに転注法)という用字法にしたがって、その義を捨てて音記号に一転する。そして今度は、その音をになった形が系列をつくって部首と組み合わさり、新たな漢字づくりがつぎつぎに展開される。これが漢字の大部分を占める形声文字である。

基本漢字の形を中心にして、義でつながる会意文字と、音で系列をつくる形声文字という原則を見失いさえしなければ、形・音・義のつながりでみごとな体系をなしている漢字のしくみをつかむのはそれほどむずかしいことではない。むずかしくないどころか、つぎつぎに発見される形を中心にした義《いみ》と音《おと》のつながりは、子どもたちの興味をますますたかめ、つぎつぎに楽しい学習が展開されるはずである。

◉V章◉ 形声文字と音記号

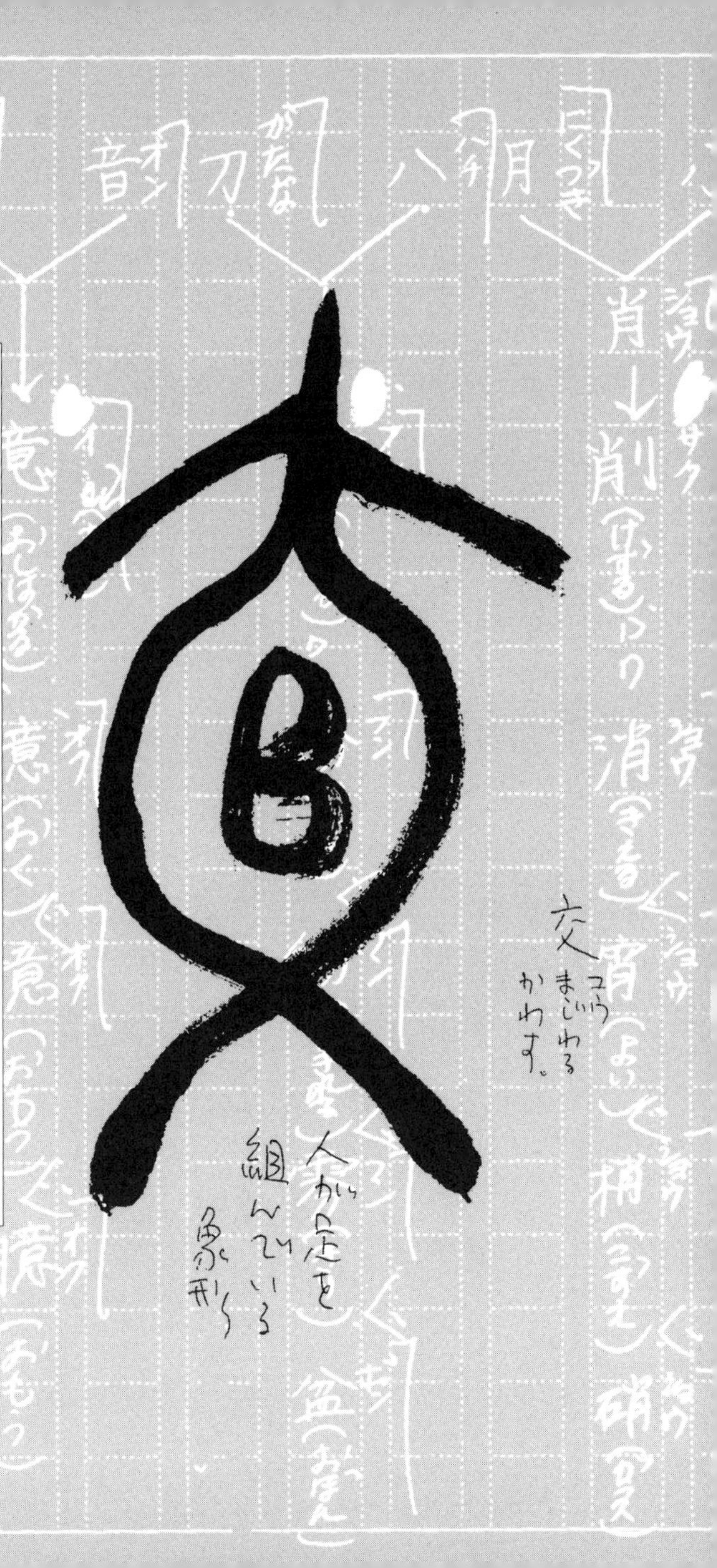
交 コウ まじわる かわす。
人が足を組んでいる象形

1 漢字音の特徴

基本の漢字（象形文字）は、形・音・義《いみ》を固有しているといわれている。けれど、形声文字の学習にはいるまでは、漢字の形と義を中心にとりあげ、その音《おん》についてはとくにとりあげてはこなかった。むしろ、避けてきた。

というのは、昔の中国語をうけついだといわれる漢字音は、日本人にとってはいまだになじみにくい音をたくさんふくんでいる。そのうえ、音よみにした漢字は、ふつう一字では単語としてはつかわれないので、とりあげにくかったからである。

たとえば、人《ひと》、水《みず》、山《やま》、木《き》……などの訓よみの漢字は、一字で単語としてつかわれるが、これが音よみになると一字ではつかわれない。人《じん》道、人《じん》格、人《じん》心、人《じん》物、人《じん》員……、人《にん》間、人《にん》足、天人《にん》、芸人《にん》、病人《にん》、悪人《にん》……など、ふつう二字ではじめて単語としてつかわれる。しかも、音よみの漢字は、文章語としてつかわれるから、初期の漢字学習にはとてもなじめないからだ。

ところが、漢字の大部分を占めるという形声文字は、日本人にとってはなじみにくいその漢字音がてがかりになって組み立てられている。

したがって、形声文字をとりあげて学習するからには、その構造の中核になっている漢字音を、こんどは真っこうからとりあげなければ始まらないのである。

漢字音が、日本人にとってどのようになじみにくいのか、まずその具体例からとりあげてみたい。

❶ 漢字音のつまずき

その漢字が正確に読めるかどうかをみるには、その漢字にふりがなをつけるテストをして確かめるのがふつうである。そのとき、もっとも誤答例が多く、しばしば問題になるのが、上表のような漢字音についてのふりがなのまちがいである。

漢字	誤答例	正答
出張	しっちょう	しゅっちょう
手術	しじつ	しゅじゅつ
十分	じゅっぷん	じっぷん
原因	げえいん	げんいん
工場	こうじょ	こうじょう

あるとき、ひらがな表記の力を調べるために全校テストをしたことがあった。純粋にひらがな表記の力を知りたかったので、子どもたちのよく知っている単語を選び、それを漢字で印刷しておき、教師がゆっくり、正確に三回読んでから書いてもらうことにした。

そのなかでもっとも誤答の多かったものが「出張」だった。

一年生から六年生までのテストだったから、その誤答例も多岐にわたっていた。

しっち・しっちう・しっちょ・しうっち・しゅちょ・しゅうちょう・しゅうちょう・しっちょう・しゅうちょ

……などだった。

そこで、当時、六年生だった私のクラスのまちがった子どもたちを集めて、

「出張は〃しゅっちょう〃と読んだんだよ。よく耳をすませて聞いてから書いてごらん。〃しゅっちょう〃だよ」

そう言ってから書きなおしてもらった。さすがにこんどは、ほとんどの子どもたちが正しく書いてくれた。ところが一人だけ、またまちがえた子どもがいた。その子は「しゅうちょう」と書いたのだった。

あんなにゆっくり、正確に発音してやったつもりなのに、どうしてまちがえるのだろう。私にはそれ以上どうすることもできなかった。ただ「なぜまちがえたのか？」という疑問だけがいつまでも胸につかえて残っていた。

そんなある日、旧かなづかいと現代かなづかいを比べる必要ができて、国語辞典の対比表を見ていてはっとした。

旧かなづかいで表記していた十《ジフ》、合《ガフ》、雑《ザフ》、甲《カフ》などの表記は、現代かなづかいでは次のような促音と長音に

十《ジフ》
十《ジュウ》 → 十人《じゅうにん》
十《ジッ》 → 十回《じっかい》

合《ガフ》
合《ゴウ》 → 合格《ごうかく》
合《ガッ》 → 合唱《がっしょう》

雑《ザフ》
雑《ゾウ》 → 雑木《ぞうき》
雑《ザッ》 → 雑誌《ざっし》

甲《カフ》
甲《コウ》 → 甲乙《こうおつ》
甲《カッ》 → 甲冑《かっちゅう》

分けられて表記するようになっていた。

つまり、十《ジュウ》、合《ゴウ》……などの長音と、十《ジッ》、合《ガッ》……などの促音は、もとは十《ジフ》、合《ガフ》……などの漢字音から分かれてできた音、つまり、先祖をおなじくする音だったのである。

こうした漢字音の変化は、古い中国語の音をうけついだ漢字音が、しだいに日本語にとけこんでいくプロセスの一つなのかもしれないと思った。その証拠に、日常語のなかでは十回《じっかい》は、十回《じゅっかい》とゆれていて、これももっとも多い誤答例の一つになっている。

十回…じっかい
　　…じゅっかい

十指…じっし
　　…じゅっし

十点…じってん……(正)
　　…じゅってん……(誤)

十手…じって
　　…じゅって

十方…じっぽう
　　…じゅっぽう

十進法…じっしんほう……(正)
　　　…じゅっしんほう…(誤)

もともと十《ジフ》が十《ジュウ》と十《ジッ》という二つに分かれたのだから、十回(じゅっかい)は日常語のなかでごくしぜんに生まれてきた発音であり、それにしたがった読み方である。

ところが、国語審議会で決めた漢字の音訓表のなかでは、十(ジュウ)と十(ジッ)という二つの音だけで、十(ジュッ)という音は認めていないのである。

NHKでは、アナウンサーが十回(じっかい)と読んでも十回(じゅっかい)と読んでも双方とも正しい読み方と認めると言っている。

しかし、学校では常用漢字として決められている漢字と、その音・訓を教えることになっているから、どちらも正しいと認めるわけにはいかない。

教師も子どもたちも、ふだんは「十回(じゅっかい)」と発音しているのに、そのとおり書くと誤答としなければならない。そしてそれは漢字を読む力がない、と評価されることになってしまう。

これとおなじように、発音どおりに表記できない漢字音がいくつかある。そのなかでもとくに撥音《はつおん》の「ん」はとくべつな漢字音で、むしろ、たいへん発音しにくい音である。

まず、撥音の「ん」はかならず母音のあとについて発音され、その前後にくる音によって微妙に発音がかわる音であり、単独ではまことに発音しにくい音なのである。それを無理に発音すると、「ウン」となってしまう。あいうえお五十音のすべてに母音がついているが、「ん」だけは単音である。

子どもたちは、五十音の最後に並べられたこの音を唱えるとき、ほかのすべての音節とおなじように、これにも母音をつけて、「……わいうえをうん」と、ごくしぜんに発音してしまう。たぶん「ん(ñ)」という単音は発音しにくいので、「うん(uñ)」という母音をつけた形で発音するのだろう。

そのため、子どもたちは運動会(んどうかい)とふりがなをつけてしまう。そしてこれもまた漢字を読む力がないと評価されてしまうのである。

小学校高学年や中学校で、もっとも多い漢字のふりがな表記の誤答例は、全員《ぜえいん》や原因《げえいん》など撥音の表記である。

教師も、子どもたちも、日常の話しことばのなかでは、「全員《ぜエいん》、校庭に集合！」とか、「まだその原因《げエいん》はわかっていない」などのように、あるいは少なくとも、これに近い発音をしているにちがいない。よほど意識して発音しないと、母音をきりはなした単音の「ん(ñ)」は発音しにくいからだ。撥音の「ん(ñ)」は、中国語から輸入された漢字といっしょにはいってきた漢字音だから、もともとの日本語の発音にはなかった音なのだ。

全員……ぜんいん　　原因……げんいん………(正)
　　　　ぜえいん　　　　　　げえいん………(誤)

金田一春彦氏は、その著『日本語 上』(岩波新書)のなかで次のように述べている。

「……(日本では)個々の語の音韻よりも、それを写す文字を、特に漢字を重要視することから来るものと考えられる。すなわち、この字はこういう音の文字だ、だからこう読まなければいけないと考え、発音しにくくても強引に読んでしまうところから来るものであろう。しかし、ゲンイン(原因)とかハンエン(半円)とかいうことばは何と発音しにくいことか……」

このように発音しにくい漢字音、そして日常語の発音とはくい違ってしまう漢字音の表記は、将来、まず話しことばからしだいに発音しやすい音にかわり、それにならって書きことばの表記もしだいにかわっていくにちがいない。

けれど、このなじみにくい漢字音が中核となって、漢字の大部分を占める形声文字が組み立てられているとすれば、当面、このなじみにくい漢字音をとりあげ、これになれ親しんでおくてだてを考えなければならない。

日常の読み方の授業のなかで、むずかしい漢字音があればその都度とりあげて、

「原因は、〝げえいん〟ではないよ。〝ゲンイン〟だよ」

「出張は〝シュッチョウ〟で〝しゅっちょう〟だよ」

などと、注意するのもその一つだろう。けれど、そのいちいちをとりあげるのは煩瑣でもあるし、例外もあって落ちもあるにちがいない。

そこで、漢字音の特徴としてまとめてとりあげ、遊び心で学習できる次のようないくつかの方法を紹介することにする。

❷ 文選《もんぜん》よみの工夫

どうしたら漢字音に慣れるか。それは中国から漢字をとり入れて以来、日本人が長いあいだ、取り組んできた古くて、そしていまだに解決しない新しい問題でもある。なにもいまに始まったことではない。

その一つに「文選《もんぜん》よみ」という読み方の工夫がある。文選とは《中国の周から梁に至る千年間の詩賦などを編纂した書。これは知識人の必読書とされ、わが国でも平安時代に盛んに行われた。》(『広辞苑』から)という。

その中国の古典を読むために、まず耳なれない漢字音をさしだし、すぐそのあとにおなじ意味の和語をおぎなって意味をつかもうとする、こうした読み方を「文選よみ」といった。たとえば、『平家物語・福原落』に、

「……袖に宿かる月の影、千草にすだく蟋蟀《しっそつ》のきりぎりす……」という一節がある。ここにでてくる漢字音の「蟋蟀《しっそつ》」とは、和語でいえば「きりぎりす」のことである。このように音よみのあとで、それとおなじ意味の訓よみのことばをおぎなって意味をとらえようとするのが、「文選よみ」である。

白川静先生は、その著書(『白川静著作集1』「国字としての漢字」三一二ページ、平凡社)のなかで次のような「文選よみ」の例をあげている。

「關々トヤハラギナケル雎鳩《しょきゅう》ノミサゴハ河ノ洲ニアリ　窈窕《ようちょう》トシヅカニタダシキ淑女ノヲトメハ　君子ウマヒメノ好逑《こうきゅう》ノヨキタグヒナリ」

關々《かんかん》とは、《鳥がやわらかに鳴くこと》であり、雎鳩《しょきゅう》とは《みさご》の漢名であり、窈窕《ようちょう》とは《美しくしとやかなこと》であり、淑女とはいうまでもなく《品位のある女性》のことである。

このように、漢字音に訓よみのことばをつづけて、耳馴れない漢字の音《おん》をつかもうとする努力は昔からつづけられていたのだった。

こうした「文選よみ」の名残りは、次のような戯《ざ》れ歌として、戦前の中学生たちのあいだにひきつがれていた。

「古《いにしえ》のむかしの武士のさむらいが、きそ山中のやまのなか、馬からおちて落馬して女の婦人にわらわれて、腹かっきって切腹した」

かつては、漢字音を学習するために必要だった「文選よみ」も、漢字音が日常化してきた昭和の時代にはすでに無用のものとなっていた。

武士《ぶし》とはさむらい、山中《さんちゅう》とは山の中、婦人《ふじん》とは女のこと、そんなあたりまえのことをいまさらに言いかえる愚しさをからかうようなニュアンスがこの戯れ歌にはある。

しかし、音よみと訓よみの区別がまだよく分かっていない子どもたちに、音よみにつかわれている漢字音の特徴をとらえさせるには「文選よみ」の伝統をうけつぐこの戯れ歌は格好な教材になる。

そんなわけで『ワーク4・漢字の音あそび』では、その冒頭に「文選よみ」の手法をとりいれた戯れ歌をとりあげ、なじみにくい漢字音に親しませる導入の学習として位置づけたのである。

❸ 漢字音の特徴

現代かなづかいは現代語の発音にもとづいて、ことばをかな書きするときのきまりとして、一九四六年(昭和二十一年)十一月からつかわれている。

これに対して、平安時代初期の書き方を基準とするかなづかいを歴史的かなづかいとよんでいる。歴史的かなづかいは、平安初期から現代かなづかいが制定され、つかわれるようになった一九四六年までの長いあいだ、日本でつかわれつづけてきた。

この歴史的かなづかいで書きあらわされた漢字音をとりあげて、現代かなづかいと、古代中国語の漢字音のあいだに入れてみると、外国語である中国語の音が、どんな変遷を経て日本語に定着していったのか、その経緯がわかるような気がする。

【漢字音の変遷】

漢字	古代(隋・唐)中国音	歴史的かなづかい	現代かなづかい
交	kău	カウ	コウ
工	koŋ	コウ	コウ
光	kuaŋ	クワウ	コウ
甲	kap	カフ	コウ
傷	ʃiaŋ	シヤウ	ショウ
称	tʃiəŋ	ショウ	ショウ
笑	siɛu	セウ	ショウ
渉	ʒiɛp	セフ	ショウ

(古代〈隋・唐〉中国音の資料は『学研漢和大字典』による。)

まず、工(koŋ)や傷(ʃiaŋ)など、日本語にはない中国語特有の音はすてさられ、あるいは発音しやすい「ん(ŋ)」のような音に変えてとり入れられた。

それでも、歴史的かなづかいでは中国音の名残りをとどめ、「コウシヤウ(公傷)」「コウショウ(公称)」「コウセウ(洪笑)」「カウシヤウ(咬傷)」「カウショウ(考証)」「カウセウ(巧笑)」「カウセフ(交渉)」「クワウショウ(黄鐘)」「クワウシヤウ(鉱床)」「カフシヤウ(甲匠)」など、少なくても音のちがう十のことばとして書き分けられ、日本語としてとり入れられた。

当時、漢字を日本にとり入れた知識人たちも、こうした近似の中国音の微妙なちがいを耳で聞きわけ、また、意識して発音し、使い分けていたにちがいない。

ところが、中国語を知らない大多数の日本人にとって、ふつうの日本語にはないこうした音の微妙な変化を聞きわけ、発音し、書きわけるのは、むずかしい、わずらわしい、意味のない徒労にすぎなかった。

こうして、古い中国語の音をうけついだ歴史的かなづかいで書かれた漢字音は、しだいに微妙な音の相違をなくし、日本語の音節に同化されながら単純化し、「コウショウ」という発音に集約され、ついに現代かなづかいではその表記まで「こうしょう」ということに統一されてしまった。

こうして、日本にとり入れられた漢字音は、しだいに日本語の音節に同化され、単純化されながら、ついに、次のような特徴をもった一〇の音に集約されることになった。

現在、ふつうに認められている漢字の音は、次の一つか二つの音でできている。

一つの音は、短い音(短音)、長い音(長音)、ねじれた音(拗音《ようおん》)、ねじれた長い音(拗長音)の四つに分けられる。

二つの音は、その二つめの音が、イ、ン、チ、キ、ツ、クのどれかでおわる。

次に、こころみに、一年生の配当漢字八〇字をとりあげ、この漢字音の一〇の特徴に分類してみる。

【一年配当漢字(80字)による、漢字音・一〇の特徴】

●一つの音

①短音　右《ウ》雨《ウ》下《カ》火《カ》花《カ》気《キ》五《ゴ》左《サ》子《シ》四《シ》糸《シ》字《ジ》耳《ジ》土《ド》二《ニ》(15)

②拗音　車《シヤ》手《シユ》女《ジヨ》(3)

③長音　王《オウ》空《クウ》口《コウ》校《コウ》正《セイ》青《セイ》生《セイ》早《ソウ》草《ソウ》名《メイ》(10)

④拗長音　九《キユウ》休《キユウ》十《ジユウ》小《シヨウ》上《ジヨウ》中《チユウ》虫《チユウ》町《チヨウ》入《ニユウ》(9)

●二つの音

⑤イ　水《スイ》大《ダイ》貝《バイ》(3)

⑥ン　円《エン》　音《オン》　犬《ケン》　見《ケン》　三《サン》　山《サン》　森《シン》　人《ジン》　千《セン》　川《セン》　先《セン》　村《ソン》　男《ダン》　天《テン》　田《デン》　年《ネン》　文《ブン》　本《ホン》　林《リン》　金《キン》　（20）

⑦チ　一《イチ》　七《シチ》　日《ニチ》　八《ハチ》　（4）

⑧キ　夕《セキ》　石《セキ》　赤《セキ》　力《リキ》　（4）

⑨ツ　月《ゲツ》　出《シュツ》　立《リツ》　（3）

⑩ク　学《ガク》　玉《ギョク》　足《ソク》　竹《チク》　白《ハク》　百《ヒャク》　木《モク》　目《モク》　六《ロク》　（9）

こうした漢字音の特徴をつかむためには、まず一年（または二、三年）の配当漢字に音よみのふりがなをつけて五十音順に並べた表を用意する。

その表にある漢字を、一〇の特徴に分けた次の表にそれぞれ書き入れていけばいいのである。

◉一つの音

①短音　右《ウ》　下《カ》……

②拗音　車《シャ》　手《シュ》……

③長音　王《オウ》　空《クウ》……

④拗長音　九《キュウ》　休《キュウ》……

◉二つの音

⑤イ　水《スイ》　大《ダイ》……

⑥ン　円《エン》　音《オン》……

⑦チ　一《イチ》　日《ニチ》……

⑧キ　夕《セキ》　石《セキ》

⑨ツ　月《ゲツ》　出《シュツ》……

⑩ク　学《ガク》　玉《ギョク》……

その形も義《（いみ）》も、子どもたちはよく知っている一年の漢字である。そして、そのほとんどは部首にもなる基本の漢字でもある。その基本の漢字のいままでは知らなかった音よみを知る学習でもある。

しかもその音は、それぞれ一〇の特徴をもった音のどこかに分類・整理されていく。そのメカニズムに子どもたちは新鮮な興味を感じるらしく、この作業に集中してとりくんでいく。

この学習の導入として、子どもたちの個人個人の姓名をとりあげ、音よみにしてやると、子どもたちはとても喜び、学習にいっそうのはずみがつく。たとえば、角田弘《つのだひろし》なら角田弘《カクデンコウ》であり、角《カク》と田《デン》は二つの音で、二つめがそれぞれクとンでおわる。弘《コウ》は一つの長い音というように、分類されていくことになる。

この作業を実施する場合、気をつけなければいけないことが二、三ある。

その一つは、え段長音の表記である。え段の長音は、生《セイ》、青《セイ》、正《セイ》……のように、「セエ」と発音しながら、その表記は「……イ」でおわるので、二音節めが「イ」でおわる大《ダイ》、水《スイ》、貝《バイ》……などとまちがえることがよくある。

こんなこともあるので、あらかじめ長音の生《セイ》(セエ)を発音し、おなじイがついていても二音節をあらわす大《ダイ》のイと比べてやると、納得してまちがいはなくなる。

二つめは、玉《ギョク》、出《シュツ》、春《シュン》など、二つの音をもつ、漢字音のなかには拗音をふくんでいるものがある。それでそれらの音を一つの音の拗音の項に入れる子がいる。こんなときも、

「百《ヒャク》はヒャとクの二つの音だよ」

と、発音したりして、指摘してやればすぐ気がつく。

三つめは、漢字のなかには呉音と漢音の二つの音、まれに唐・宋音、慣用音など、三つ以上の音をもつものがある。そんな場合は、もっともふつうに使い慣れている一つの音に決めておけばいいし、あらかじめ音よみのふりがなをふっておけば、子どもたちを迷わせることはない。そして、たとえそれらの音のどれをと

っても、この一〇の音のどこかにまちがいなく当てはまる。

こうした漢字音の特徴をつかむ学習は、すでに知っている基本漢字の形《けい》と義《(いみ)》に加えて、音《おん》をつかむことになる。それは、形・音・義を固有するという漢字の基本的な性質をつかむと同時に、形声文字の構造をとらえるための必要にして十分な準備を整えたことにもなる。

❹ 漢字のお経《きょう》

文選よみで音訓のつながりをつかんだり、漢字音を分類してその特徴をつかむ学習がやや中学年から高学年向きであるとすれば、ずばり音そのものに取り組む「漢字のお経」は、低学年から中学年向きである。

もともと、お経は羅列した経文の漢字を棒よみにして唱えるものだから、ふつうの人たちにとってはちんぷんかんぷんである。

すでに習っていて、よく知っているはずの一年生の漢字だって、それを音よみにしてしまえば、もう何のことかわからない。だから、まるで漢字のお経だ。漢字の音とは、それだけとりだすと、まるでお経のようなものだ。そうした漢字音の性質をとりあえずつかんでほしいと思った。

こうして試みにとりあげた漢字のお経の練習は、まったく遊び感覚で子どもたちに受け入れられた。

「一《イチ》、右《ウ》、雨《ウ》、円《エン》、王《オウ》、音《オン》、下《カ》、火《カ》、花《カ》、学《ガク》、気《キ》、九《キュウ》、休《キュウ》、玉《ギョク》……」

机を木魚がわりに叩いたり、トライアングルで鐘の効果音を入れると、いっそう興がのって、八〇字の音よみを暗誦するのにそう時間はかからない。

そして大切なことは、ちんぷんかんぷんの漢字音のお経をくりかえしているうちに、知らずしらずに漢字の音になじみながら、子どもたちの頭のなかにはその漢字音に対応する字形がいつのまにか、しぜんに描かれているということだった。

このことについて、三年の配当漢字でお経の学習をしたクラスから、次のように報告されている。

「三年の配当漢字では、シという音が七つもでてくる。仕《シ》、死《シ》、使《シ》、始《シ》、指《シ》、歯《シ》、詩《シ》である。初めは『1、2、3……』と数えながら唱えているのかなと思ったが、そうではなかった。漢字のお経がおもしろくて何回も漢字を見て唱えているうちに、音といっしょに漢字の形も頭のなかにはいってしまったのだ。……」

このことは、『漢字はみんなカルタで学べる』（太郎次郎社刊）にくわしく載っているので、参照してくれるとありがたい。

つまり、音よみにした漢字は、なんとなくありがたく、重々しい感じがする。それをつかうと大人っぽく、偉くなったような気がする。そんなかっこよさ、おもしろさにつられてくり返しているうちに、その音といっしょに漢字の形までしぜんに頭にはいってしまったというのである。

それが漢字のお経のおもしろさであり、学習するねうちのあるところだった。

2 形声文字とはなにか

❶ 音記号の発見

子どもたちが喜んでとりくむ漢字のお経を常用漢字全体にひろげ、おなじ音をもつ漢字を並べてみると、そのなかにひそんでいる同形の音記号をいくつも発見することができる。いま、こころみに、カ(ガ・コ・ケ)という音をもつ漢字を画数順に並べてみる。

下《カ》、*化《カ・ケ》、火《カ》、*加《カ》、*可《カ》、*仮《カ・ケ》(假)、何《カ》、花《カ》、価《カ》(價)、佳《カ・ケ》、*果《カ》、河《カ》、和《カ・ワ》、架《カ》、科《カ》、個《カ・コ》、夏《カ》、荷《カ》、華《カ》、菓《カ》、掛《カ》、貨《カ》、過《カ》、渦《カ》、嫁《カ》、暇《カ》、禍《カ》……

このうち、「*」のついた漢字が同音同形の音記号である。こんどは、その音記号を中心に次に並べかえてみる。(×印は常用漢字以外。)

★下《カ》

★化《カ》　花《カ》　貨《カ》　靴《カ》　×囮《カ》　×吪《カ》

★火《カ》

★加《カ》 架《カ》 賀《カ・ガ》 嘉《カ》 ×伽《カ》 ×茄《カ》 ×駕《カ》 枷《カ》 ×笳《カ》 ×珈《カ》

★可《カ》 何《カ》 河《カ》 歌《カ》 荷《カ》 ×呵《カ》 ×苛《カ》 ×柯《カ》 ×哥《カ》

★仮《カ》(假) 暇《カ》 霞《カ》 ×瑕《カ》 ×遐《カ》 ×蝦《カ》 ×鰕《カ》 ×葭《カ》

★価《カ・コ》(價) ×賈《コ》

★佳《カ・ケ》 ×卦《ケ》 掛《カ》 圭《ケイ》 桂《ケイ》 ×畦《ケイ》 ×硅《ケイ》 ×袿《ケイ》 ×鮭《ケイ》

★果《カ》 菓《カ》 課《カ》 ×窠《カ》 ×夥《カ》 ×蜾《カ》 ×踝《カ》 顆《カ》

★科《カ》 ×蝌《カ》

★箇《カ・コ》 個《コ・カ》 古《コ》 固《コ》 故《コ》 枯《コ》 湖《コ》 居《コ・キョ》 ×姑《コ》 ×涸《コ》

★家《カ・ケ》 嫁《カ》 稼《カ》

★夏《カ》 ×廈《カ》 ×榎《カ》

★華《カ》 ×樺《カ》 ×嘩《カ》 ×譁《カ》

★過《カ》 渦《カ》 禍《カ》 ×窩《カ》 ×蝸《カ》 ×鍋《カ》

こうして並べてみると、ほとんどの漢字が同音同形の音記号で、系列をなしてつながっていることがわかる。その系列の中心になっている形が形声文字の音記号であることはいうまでもない。

そんな音記号の系列に最初に気づかされたのは、すでに述べたように、授業やテストのなかでしばしばあらわれた子どもたちのつまずきからだった。

子どもたちの誤字の例（胞　胸　胸　朐　胸　胸）から、「胸」を分解し、凶《キョウ》をとりだしてやれば、子どもたちの目をそこに集中させることができるし、単純な字形だから印象づけられると考えた。そこから、「凶、兇、匈、胸……」という凶から始まる音記号の系列が見えてきた。

あとで調べたら、匈《キョウ》が胸《むね》をあらわしていた最初の漢字で、勹（つつみがまえ）は「人が身をかがめている側身形」だという。そこに×型の文身《いれずみ》をして邪霊のよりつくのを防いだという。凶、兇、匈、胸、恟はみな一系の字で、匈が胸の最初の漢字（初文）だったが、後に匈がほかの意味につかわれるようになったので胸がつくられたという（『字統』による）。

それまでも木（きへん）や氵（さんずい）などの部首が、おなじ意味グループに属する漢字にくっついて辞典に整理されていることはよくわかっていたし、その部首が漢字習得の有力な武器になることもよくわかっていたつもりだった。

けれど、凶《キョウ》という音をあらわす部分が、儿（ひとあし）と組んで兇《キョウ》をつくり、勹（つつみがまえ）と組んで匈《キョウ》をつくり、さらに月（にくづき）と組んで胸《キョウ》をつくる。こんな形で形声文字の構成要素となっているとは、このときまで思いもよらなかった。

❷——音記号の三つのタイプ

漢字の大部分を占める形声文字が、同形同音の音記号と部首で組み立てられていることを知ってから、私は、しばしばその音記号のつながりを利用して漢字をとりあげるようになった。

そして、音記号のなかには同形同音ばかりではなく、同形で似ている音、同形で異なっている音記号もあり、むしろ、そのほうが実際には多いこともしだいにわかってきた。

たとえば、六年の配当漢字の今晩の「晩《ばん》」から、すでに三年で習った勉強の「勉《べん》」をひきだすことができる。「勉《べん》」をひきだし、「晩《ばん》」と並べてやることで、二つの漢字をつなげる音記号の「免《メン》」を見つけることができる。これはまた、中学二年の配当漢字の免許《めんきょ》の「免《めん》」にもつかわれる漢字である。

今晩《こんばん》の晩《バン》　勉強《べんきょう》の勉《ベン》　免許《めんきょ》の免《メン》　分娩《ぶんべん》の娩《ベン》

こうして同形の部分をもつ漢字が、同音をあらわすだけではなく、似ている音、ときには違う音さえあらわすこともあることがわかったとき、子どもたちが、なぜ探検《たんけん》を探検《しんけん》に、態度《たいど》を態度《のうど》に、しばしばまちがえるのかがわかった。

そうだとすれば、このつまずきをたんなるまちがいとして処理してしまうのではなく、むしろ、「漢字のなかには、おなじ形がおなじ音をもつグループがある」という形声文字の組み立ての原則を積極的にとりあげるべきだと思った。

①—おなじ形がおなじ音をあらわすグループ。

拍《ハク》、迫《ハク》、舶《ハク》、伯《ハク》、泊《ハク》……　白《ハク》（おなじ形）

坂《ハン》、版《ハン》、販《ハン》、飯《ハン》、阪《ハン》……　反《ハン》（おなじ形）

そうすれば、次のステップは、「漢字のなかには、おなじ形が似ている音をあらわしているグループがある」としなければならない。

②―おなじ形が似ている音をあらわすグループ。

放《ホウ》、訪《ホウ》、芳《ホウ》、坊《ボウ》、肪《ボウ》……　方《ホウ・ボウ》（おなじ形）。

場《ジョウ》、湯《トウ》、陽《ヨウ》、揚《ヨウ》、腸《チョウ》……　昜《ヨウ・トウ・ジョウ・チョウ》（おなじ形）

さらに、その発展として、「漢字のなかには、おなじ形なのに、ちがう音をあらわすグループもある」をとりあげることになるだろう。

③―おなじ形がちがう音をあらわすグループ。

(i)―もとはおなじ音だったのに、長い歴史のなかで音が変わったもの。

土《ト》、吐《ト》、社《シャ》……　土《ト・シャ》（おなじ形の音記号）

各《カク》、格《カク》、洛《ラク》、落《ラク》、絡《ラク》……　各《カク・ラク》（おなじ形の音記号）

果《カ》、課《カ》、裸《ラ》……　果《カ・ラ》（おなじ形の音記号）

そして、深《シン》と探《タン》や態《タイ》と能《ノウ》もこのグループにはいる。子どもたちのつまずきをこうして位置づけてやることは、たんに子どもたちを納得させるためだけではない。子どもたち自身が見つけた漢字のしくみをとらえる覚え方がまちがっていなかったことを知らせることである。それによって自信をもち、漢字の構造やその歴史にいっそうの興味をしめすようになるからである。

さて、『字統』によると、《探《たん》……字は火をもって穴中を照らす形で、奥深いところを火で照らし、探す意である。……罙は探《タン》、水中のものを探るを深という》とある。また、《態……声符は能《たい》。能は耐、態と同声》とある。さらに《土《ド》の古音は社である》という。つまり、探《タン》も深《シン》も、態《タイ》も能《ノウ》も、土《ド》も社《シャ》も、各《カク》も落《ラク》も、果《カ》も裸《ラ》も古代音では一つの音として通用していたというのである。すると、これらの漢字は、長い歴史のなかでその漢字をあらわしていた音がしだいに変わってしまった(i)のグループにはいることになる。

(ii)―簡略化された現在の字形がまったく偶然に他の音記号とおなじ形になったもの。

次の*のついた漢字「仮《カ》」「逸《イツ》」「怪《カイ》」がその簡略化された字形である。

坂《ハン》、販《ハン》、版《ハン》、飯《ハン》、阪《ハン》……*「仮《カ》」(假=かりに)

免《メン》、勉《ベン》、晩《バン》、娩《ベン》……*「逸《イツ》」(逸=兎《うさぎ》がにげる)

巠《ケイ》=圣(たていと)　径《ケイ》、茎《ケイ》、軽《ケイ》、経《ケイ》、……*「怪」(あやしい)

「仮《カ》」は假の略体で仮面のこと、この略体が反《ハン》の音記号と偶然、おなじ形になる。「逸《イツ》」は、逸《イツ》の略体で兎が逸早《いちはや》く逃げること。その略体が免《メン》とおなじ形になる。「怪《カイ》」はもと、土のなかの妖怪のこと、ところが巠《ケイ》の略体・圣《ケイ》と偶然おなじ形になってしまったのである。

そして、さらにもう一つは、つぎのような会意文字である。

(iii)―音記号とおなじ形をもつ会意文字。

たとえば、刀《トウ》(かたな)と八《ハチ》(わける)でふたつに分《フン》(わける)というように、もとの漢字の音をすて、双方の意味を生かして組み合わさるのが会意文字である。

それに対して、分《フン》と米(こめへん)で粉《フン》(こな)、分《フン》と糸(いとへん)で紛《フン》(まぎれる)、分《フン》と⻗(あめかんむり)で雰《フン》

（きり）のように、もとの漢字の音を生かして部首と組み合わさるのが形声文字である。

この会意文字の片方と、形声文字の音記号がたまたまおなじ形になる例は少なくない。それを次のように並べてみると、「おなじ形をもっているのに、ちがう音をあらわす漢字」のように見えてしまう。＊の削《サク》、分《フン》、意《イ》、折《セツ》、農《ノウ》がその会意文字である。

象形文字	会意文字	形声文字
小《ショウ》＋月《にくづき》→消《ショウ》	＊削《サク》（けずる）	消《ショウ》（きえる）、宵《ショウ》（よい）、梢《ショウ》（こずえ）、硝《ショウ》（ガラス）
八《ハチ》＋刀《かたな》	＊分《フン》（わける）	粉《フン》（こな）、紛《フン》（まぎれる）、雰《フン》（きり）、盆《ボン》（おぼん）
音《オン》＋心《こころ》	＊意《イ・オク》（おしはかる）	億《オク》（おく）、憶《オク》（おもう）、臆《オク》（おもう）
斤《キン》（おのづくり）	＊折《セツ》（おる）	近《キン》（ちかい）、欣《キン》（よろこぶ）、祈《キ》（いのる）
辰《シン》（しんのたつ）	＊農《ノウ》（たがやす）	振《シン》（ふるう）、唇《シン》（くちびる）、娠《シン》（はらむ）、震《シン》（ふるう）

さて、その適用をまちがえたとはいえ、「同形の部分（音記号）をもつ漢字がおなじ音をもっている」というのは音記号の基本の形であり、この音記号と部首が組み合わさってできる漢字が形声文字の典型ともいえ

る形である。

この基本の形を形声文字のしくみの中心にすえ、その音記号の形がふくらんだり、似ている音に変化したりするようすを解きあかしながら、会意文字を中心にした音記号の成り立ちもとりあげていけば、きっと複雑な形声文字の構造も子どもたちに理解してもらえるはずだ。

3 形声文字のしくみ

漢字の大部分を占める形声文字は、部首と音記号で組み立てられている。

その部首は、すでに『テキスト3』(一九〇の部首)や『ワーク3』(一三三の部首)や『部首カルタ』(九八の部首)などでとりあげられている。

『カルタ』の九八部首のなかには一九四五字の常用漢字中、一六八一字(86%)がふくまれ、『ワーク3』の一三三部首にはおなじく一七五二字(90%)がふくまれ、『テキスト3』の一九〇部首には、おなじく一九二八字(99%)がふくまれている。

これらの部首のすべてを完全に覚えていなくても、つぎの形声文字の学習で音記号をぬきだす練習の副産物として、しぜんに、実践的に身につけることができる。

すると、形声文字のしくみをとらえることは、その部首と組み合わさる音記号のさまざまな性質やその役割、成り立ちなどをつかむことがその中心になる。

❶ 同形同音の音記号をぬきだす練習

形声文字のしくみをつかむ練習は、まず次のように同形同音の音記号で系列をつくっている漢字をたてに並べる。そこからおなじ形の音記号をぬきだし、下の(　)に書きこめばいい。そして、残された形が部首になる。その部首の名は、漢字の左となりの(　)のなかに書きこむことにする。

拍手《はくしゅ》の	迫力《はくりょく》の	宿泊《しゅくはく》の	船舶《せんぱく》の	画伯《がはく》の	同形の音記号
㊥拍《ハク》	㊥迫《ハク》	㊥泊《ハク》	㊥舶《ハク》	㊥伯《ハク》	(　　)
(　)(　)	(　)(　)	(　)(　)	(　)(　)	(　)(　)	……部首

下の(　)には音記号の白《ハク》、左の(　)のなかには上から部首の扌(てへん)、辶(しんにゅう)、氵(さんずい)、舟(ふねへん)、亻(にんべん)と入れればいいのである。

同形同音の音記号で系列をなしてつながる形声文字はそれほど多くはない。まして、その例を小学校の配当漢字に限定してしまうと、その例は豊富とはいえない。

そこで、少しむずかしいと思いながらも、典型例としてはできるだけ豊富な例をあげたくて、常用漢字全体、さらには一部人名用漢字にまで範囲を広げることになった。げんにこの音記号・白《ハク》の系列につながる形声文字はすべて中学校の配当漢字である。

この練習問題をはじめてつくったのは、酷寒のさなかだったことを記憶している。一月末のふり替え休みの宿題として用意したものだった。

ところが、冬休み二、三日まえに配っておいたこの問題を、大半の子どもたちは休みまえにやり終わっていた。休みの前日に、この問題のやり方を説明しようと思っていた私は拍子抜けしてしまった。

子どもたちは、喜んで取り組んでくれたし、こんな問題ならもっとやりたいから、たくさんだしてもいいというのだった。

こうした子どもたちの取り組みやことばは私を勇気づけた。この方法なら嫌がる漢字ドリルの練習からぬけだせるかもしれないと思った。と同時に、なぜ子どもたちが積極的に取り組んだのか、そのわけを考えてみた。

第一に、たてに並んだ漢字からおなじ形を抜きだす作業だから、漢字を知らない子、書けない子も参加できたし、うまく見つけて書けたという成功感を味わうことができた。

第二に、おなじ形を見つけるという具体的なめあてがあるから、見る視点をひとところに集中することができた。そして、視点を集中することによって、字形の僅差の相違まで見抜くことができた。

第三に、同形の音記号をぬきだすと、あとにはすでに知っている部首が見つかる。それは隠し絵にも似た発見のおもしろさがあった。それは、分けることによってわかる、漢字を認識するおもしろさであったかもしれない。

第四に、その名と形はすでに知っている部首の、実際に漢字の部分として生きてつかわれている姿を再認識するおもしろさがあったかもしれない。

当然、忘れたり、覚えきれなかったりする部首もある。そんな子どもたちのためには部首一覧表を用意しておけばいい。

第五に、いまの子どもたちは、目にはいる漢字そのものよりも、耳からはいる「はくりょく（迫力）」とか、「かんぺき（完璧）」とか「ほけつ（補欠）」などの漢語をすでにたくさん所有している。したがって、「ああ、〝はくりょく〟って、白《しろ》の白《ハク》に辶（しんにゅう）だったのか」と、すでに所有していることばと漢字が結びついて、あらためてそのつながりを認識するという新鮮さがあったのかもしれない。

そして第六に、同形同音の音記号の系列と、これに結びついた部首がつくる整然とした形声文字の体系そのものが、子どもたちの学習の興味をよびおこし、知的好奇心をかきたてることになったのではないだろうかと思った。

❷——ふくらんでいく音記号と「繁文」

こうして、子どもたちはつぎつぎと音記号を抜きだす作業にとりくみ、学習は順調にすすんでいった。

ところが、私の不用意から、一つの音記号に対して二つの部首がついている漢字がでてきてしまった。問題になった漢字は、次の練習のなかにでてくる湖水の「湖《コ》」である。

枯木《こぼく》の	事故《じこ》の	固体《こたい》の	湖水《こすい》の	音記号
㊥枯《コ》	⑤故《コ》	④固《コ》	③湖《コ》	（古《コ》）
（　）	（　）	（　）	（　）	……部首

同形同音の音記号「古《コ》」はすぐに見つかった。ついで枯《コ》は木《きへん》、故《コ》は攵《むちづくり》、固《コ》は囗《くにがまえ》、と、部首もつぎつぎに見つかっていった。

ところが、「湖《コ》」は音記号の古《コ》をとりさると、氵(さんずい)と月(にくづき)の二つの部首が残ってしまう。そのどちらを部首の(　)のなかに入れたらいいのかわからないという子どもがでてきた。気の利いた何人かの子どもたちは、

「湖は水のたまっているところだから、水に関係がある。だから氵(さんずい)にちがいない」

と主張するのだった。事実、そのとおりだし、そのときも、湖は氵(さんずい)の部首に入れて、その場はおさまった。でも、すっきりしないものが残ってしまった。

同形同音の音記号をとり除いても部首が二つ残ってしまう。「湖」の部首を氵(さんずい)にするのはいいが、残った月(にくづき)の働きを意味づけないと、「部首と音記号でできている」という形声文字の大原則は成り立たなくなってしまう。

そこで、「湖」の部首は氵(さんずい)であるとし、「胡《コ》」は、もとの音記号「古《コ》」がふくらんだ音記号とすることにした。そうすれば、「湖《コ》」は、氵(さんずい)とふくらんだ音記号「胡《コ》」が組み合わさってできた形声文字と

いうことになり、「部首と音記号でできている」という形声文字の大原則をそのまま活用することができる。

このことは、『テキスト[4]』に次のように説明され、例題としてもとりあげられている。

……音記号のなかには、古《コ》の形がふくらんで、固《コ》、胡《コ》のような音記号をつくりだすものがあります。

ふくらんだ音記号　　　　　　　おおもとの音記号

枯《コ》　故《コ》　固《コ》　個《コ》　箇《コ》…………▼（古《コ》）

ふくらんだ音記号　　　　　　　おおもとの音記号

枯《コ》　故《コ》　胡《コ》　湖《コ》　糊《コ》…………▼（古《コ》）

さらにつぎのような例題をつけて、おおもとの音記号と、ふくらんでいく音記号をつかむ練習をつけ加えている。

つぎの漢字には、ふくらんでいく形の音記号がはいっているよ。それぞれの音記号にマルをつけ、□のなかには、おおもとの音記号をかきこんでごらん。

河川《かせん》の　幾何《きか》の　歌手《かしゅ》の　出荷《しゅっか》の　　　おおもとの音記号

⑤河 カ　②何 カ　②歌 カ　③荷 カ　……▼　可 カ

伍長《ごちょう》の　吾人《ごじん》の　国語《こくご》の　覚悟《かくご》の

㊀伍 ゴ　㊀吾 ゴ　②語 ゴ　㊥悟 ゴ　……▼　□ ゴ

訪問《ほうもん》の　芳香《ほうこう》の　放送《ほうそう》の　模倣《もほう》の　　　おおもとの音記号

⑥訪 ホウ　㊥芳 ホウ　③放 ホウ　㊥倣 ホウ　……▼　□ ホウ

招待《しょうたい》の　紹介《しょうかい》の　昭和《しょうわ》の　照明《しょうめい》の

⑤招 ショウ　㊥紹 ショウ　③昭 ショウ　④照 ショウ　……▼　□ ショウ

つまり、一つの漢字に二つも部首がついているように見える漢字があるが、その片方はじつは部首ではなく、音記号がふくらんだ形と考えることにしよう、というのである。

こうして、部首の形をふくんでふくらんだ音記号を、形声文字がしだいに数を増やし、複雑な字形になっていく過程の造字法の一つとして位置づけたのである。

のちになって、複雑な形声文字をつくっていく「繁文」という造字法のあることを知った。「繁文」という造字法も、すでに部首をもっている漢字が、さらにもう一つの部首をつけて、複雑な形声文字をつくっていく造字法なので、次に紹介してみる。

白川静先生は「六書と文字学」(『白川静著作集2』一九ページ、平凡社)のなかで、形声文字の声符(音記号)は、意味をもたない音符であるのが原則であるとして、まずその例をあげている。そして次に、しかし形声文字のなかには字の分化によって生まれるものがあり、そのなかには意味もかねそなえている音記号もあるとして、次のような例をあげている。

たとえば、溢《イツ》(あふれる)は益《エキ・イツ》(益=ます)が音記号とされているが、その益《エキ・イツ》にはもともと《皿に水があふれる》という意味があった。益の上部は水を横にした形()であり、下は皿である。つまり益《エキ・イツ》は、音記号であると同時に、《水があふれる》という意味にもなっているというのである。

おなじように然《ゼン》は、《犬の肉を焼き、その脂がもえる》という意味だが、さらにこれに火(ひへん)を加えて燃《も》えるとし、匈《キョウ》はもともと《むねの象形》だが、さらに月(にくづき)を加えて胸とした。前《ゼン》はもと《つめをきる》ことで、刂(りっとう)がついているが、さらに刀(かたな)をつけて剪《ゼン》とした。

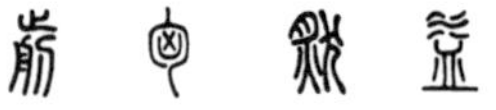

	もとの意味	ちがった意味	
=溢・益《イツ・エキ》	（水が皿にあふれる）……▼	（ふえる ためになる）	溢《イツ》（水があふれる）
然《ゼン・ネン》	（犬の肉をやき、その脂がもえる）……▼	（そのとおり しかり）	燃《ネン》（もえる）
匈《キヨウ》	（横向きの人のむね）……▼	（わるい できごと）	胸《キヨウ》（むね）
前《ゼン》	（つめをきる）……▼	（まえ すすむ）	剪《セン・ゼン》（きりそろえる）

これら、益《エキ》、然《ゼン》、匈《キヨウ》、前《ゼン》などは、もともと限定符としての部首がすでについているのだから、これ以上、部首をつける必要はない字である。

けれど、益《イツ》、然《ゼン》、匈《キヨウ》、前《ゼン》などが、初めの意味とちがって使われるようになったので、あらためて部首（限定符）をつけ、溢《イツ》、燃《ネン》、胸《キヨウ》、剪《ゼン》のような形声文字をつくって、もとの漢字と区別した。そして、このようなつくり方をとくに「繁文」とよぶと説明している。

さらに「一般に、声符（音記号）とされる字が、なお原字の意味を含むものであるとき、これを形声と区別して『亦声《えきせい》』という。その音だけでなく、意味をも兼ねているからであり、『繁文』の字には、亦声とすべきものが多い」（カッコ内は筆者）とつけ加えている。

「ふくらんでいく音記号」は、こうしてさまざまに組み合わさってふえていく形声文字の複雑な造字法のしくみを、一括し、単純化して理解するための役割を果たしていると考えてもいいと思う。

❸——音記号の似ている音と方言の対応

おなじ形がおなじ音をあらわすというのが形声文字の音記号の基本の形だが、純粋なその形はそれほど多くはない。長い歴史のなかで使われつづけている漢字は、その形・音・義《(いみ)》のいずれもがずれたり、変わったりしている。形のおなじ音記号も、例外ではなく、似ている音やまるで違った音に変わってしまっている例が意外に多い。

では、似ている音とは何か。なるほどと、子どもたちにも似ていることが納得できるものでなければならない。

その一つは、清音と濁音、あるいは半濁音のゆれである。二つめは、たとえば、カキクケコなどのおなじ行のなかでの母音のゆれである。三つめは、バ行とマ行のような近い子音のゆれである。そして四つめは、それらの総合したゆれである。次にその具体例をとりあげてみよう。

①—清音・濁音・半濁音のゆれ

筒《トウ》　桐《トウ》……同《ドウ》　銅《ドウ》　胴《ドウ》　洞《ドウ》

方《ホウ》　芳《ホウ》　訪《ホウ》　放《ホウ》　倣《ホウ》……防《ボウ》　坊《ボウ》　妨《ボウ》　房《ボウ》　肪《ボウ》　傍《ボウ》　紡《ボウ》

②—母音のゆれ（カキクケコ、ガギグゲゴ）

古《コ》　固《コ》　故《コ》　枯《コ》　個《コ》……箇《カ》　苦《ク》
眼《ガン》　銀《ギン》　限《ゲン》……根《コン》

③―子音のゆれ（バビブベボとマミムメモ）

莫《バク・ボ》　幕《バク》　漠《バク》……募《ボ》　墓《ボ》　摸《ボ》　慕《ボ》　暮《ボ》……膜《マク》　幕《マク》……模《モ・ボ》　摸《モ》

④―混合したゆれ

免《メン》　勉《ベン》　娩《ベン》　挽《バン》　晩《バン》　輓《バン》
咅《ハイ》　倍《バイ》　培《バイ》　陪《バイ》　掊《ホウ》　焙《ホウ》　剖《ボウ》　部《ブ》

これらの漢字音は、古い中国語の音をうけついだものだから、やまとことばの発音とはかかわりのないものだと、私は長いこと信じこんでいた。

けれど、中国生まれの漢字音は、日本語に溶けこんでいくうちに、やまとことばの発音に大きな影響を与えると同時に、漢字音みずからも日本語特有の音節に影響をうけ、しだいに組み込まれていったのだった。

そのことに最初に気づかせてくれたのは、片品村の子どもたちの方言だった。方言と標準語のおなじ音節のゆれが漢字音のゆれのなかにいくつも見つけられるのだった。

①―清音と濁音のゆれ

標準語	とんぼ（蜻蛉）	行く	はた（旗）
方言（俗語）	どんぼ	行ぐ	はだ

②―母音のゆれ

標準語	あそぶ(遊ぶ)	むこ(婿)	もる(漏る)	だいこん(大根)	えんぴつ(鉛筆)
方言(俗語)	あすぶ	もこ	むる	でぇこん	いんぴつ、えんぺつ

③―子音のゆれ（マ行とバ行）

標準語	さむい(寒い)	けむり(煙)	ひも(紐)	ねむる(眠る)	ともす(点す)	さみしい
方言(俗語)	さぶい	けぶり	ひぼ	ねぶる	とぼす	さびしい

つまり、本来、おなじ形がおなじ音をあらわしていたはずの音記号も、長い歴史のなかでしだいに変わってきた。しかも、その変わり方は、日本語の音節のしくみにしたがって、方言(俗語)と標準語のゆれとまったくおなじ傾向で変わってきているのである。

形声文字のしくみをつかむには、同形同音の音記号と部首で組み立てられている例を中心にすえるのがもっとも基本的であるし、わかりやすい。

けれど、漢字の長い歴史のなかで、しだいに似ている音や違った音に変化した音記号もとりあげ、かならずしも一様にはいかない形声文字の構造にふれておかなければならない。そうしないと、探《タン》を探《シン》と読んでしまう子どもたちの読みまちがいにも対応できないからである。

なお、音記号のゆれのなかで気がついた漢字音のゆれには、一定の音声学上の法則があり、方言(俗語)と標準語のゆれにもそっくりあてはまり、ローマ字で子音や母音の説明をすると、たいへんわかりやすい。

雨が漏《も》る(moru)……………古《こ》(ko)

雨がむる(muru)…………苦《く》(ku)

「雨がもる」と「雨がむる」の母音の違いが漢字音の「古《こ》」や「苦《く》」の母音の違いとそっくりなことを発見した子どもたちは、漢字音がまさに日本のことばそのものをあらわしていることに新鮮な驚きを感じると同時に、いっそうの親しみをもつようになった。

4 音記号はどこから生まれたか

すべてのあわせ漢字は、そのおおもとを探っていくと、「一〇一漢字」を中心にした基本漢字にたどりつく。そして、音記号もその例外ではない。

たとえば、「漢字がたのしくなる本」シリーズの『テキスト4』『テキスト5』にでてくる音記号は全部で二八八である。そのうち重複があるので、これをとり除くと、二七〇になる。

その二七〇の音記号のうち、一二三(46%)は象形文字であり、一二八(47%)はそれを組み合わせた会意文字である。残りは、十二(4%)の形声文字と、七(3%)の仮借字であるから、音記号の大部分は一〇一漢字を中心にした象形文字と、これが組み合わさった会意文字からできているといっていい。

ただ、その象形文字や会意文字のなかには、現代では独立した漢字として使われていない、音記号専科ともいうべき漢字の部分がある。

且《ショ・ソ》(祖《ソ》の初文)や乍《サ・サク》(作《サク》の初文)などの象形文字や、采《サイ》(爪と木の会意)や氐《テイ》(氏《シ》と一の会意)などの会意文字である。

且《ショ・ソ》（まないた、せんぞ、かつ）　祖《ソ》の初文

乍《サ・サク・ソ》（つくる、たちまち）　作《サク》の初文

采《サイ》＝采（つみとる、みつぎ）　爪《つめ》と木の会意

氐《テイ》（もと、いたる、ひくい）　氏《シ》と一の会意

これらは、組《ソ》（二年）や作《サク》（二年）の部分として、また、爪《つめ》や木《き》や氏《シ》や一《いち》などの部首として、子どもたちにはすでになじみのある形だが、独立した漢字ではないので項を分けてあらためて出すことにした。

また『ワーク5・形声文字あそび』では、一〇八の音記号を、①象形文字と、②会意文字と、③独立した漢字でないものの三つに分けてさしだしている。『一〇八形声文字カルタ』も、この順にしたがってゲームをすれば、音記号の性質が楽々とつかめるので、いっそう早く、楽しく遊ぶことができるはずだ。

そこで、ここでは①一〇一漢字を中心にした象形文字がつくる三五の音記号と、②会意文字がつくる三七の音記号と、③独立した漢字としてはつかわれない三六の音記号に分けて、そのでどころを明らかにする。

❶――一〇一漢字を中心にした象形文字がつくる三五の音記号

ここに集めた音記号のほとんどは、漢字としても、部首としても、音記号としてもつかわれる文字どおり基本の漢字である。

一見、むずかしそうに見える形声文字も、部首と音記号に分けることができる。そして分けてみると、その部首も音記号も一〇一漢字の変身したものである。こうして、〝分ければ見つかる知ってる漢字〟という方法論を実感できる練習がここに用意されていることになる。

①一〇一漢字が音記号になるもの。(8)

★生《セイ》(いきる　うまれる)……星《セイ》(ほし)、姓《セイ》(かばね)、性《セイ》(たち)、牲《セイ》(いけにえ)
★豆《トウ》(たかつき　まめ)……登《トウ》(のぼる)、頭《トウ》(あたま)、痘《トウ》(ほうそう)、澄《チョウ》(すむ)
★白《ハク》(しろ)……拍《ハク》(うつ)、泊《ハク》(とまる)、迫《ハク》(せまる)、伯《ハク》(あに)、舶《ハク》(ふね)
★皮《ヒ》(けがわ)……彼《ヒ》(かれ)、披《ヒ》(ひらく)、疲《ヒ》(つかれる)、被《ヒ》(こうむる)、波《ハ》(なみ)、破《ハ》(やぶる)、婆《バ》(ばば)
★羊《ヨウ》(ひつじ)……洋《ヨウ》(ひろい)、養《ヨウ》(やしなう)、窯《ヨウ》(かまど)、祥《ショウ》(さいわい)、詳《ショウ》(くわしい)
ほかに、五《ゴ》、交《コウ》、長《チョウ》などあるが、省略する。

②一〇一漢字以外の部首が音記号になるもの。(7)

★己《キ》(おのれ)……起《キ》(おきる)、記《キ》(しるす)、紀《キ》(いとすじ)、忌《キ》(いむ)
★工《コウ》(こうへん)……江《コウ》(え)、功《コウ》(いさお)、紅《コウ》(くれない)、貢《コウ》(みつぐ)、項《コウ》(うなじ)、空《クウ》(そら)、控《コウ》(ひかえる)
★非《ヒ》(あらずのひ)……悲《ヒ》(かなしむ)、扉《ヒ》(とびら)、俳《ハイ》(たわむれる)、排《ハイ》(はらう)、輩《ハイ》(なかま)
★方《ホウ》(ほうへん)……芳《ホウ》(かんばしい)、訪《ホウ》(たずねる)、坊《ボウ》(てら)、妨《ボウ》(さまたげる)、防《ボウ》(ふせぐ)、房《ボウ》(ふさ)、肪《ボウ》(あぶら)、紡《ボウ》(つむぐ)、旁《ボウ》(かたわら)、傍《ボウ》(かたわら)
★辰《シン》(しんのたつ)……振《シン》(ふる)、唇《シン》(くちびる)、娠《シン》(はらむ)、震《シン》(ふるう)
ほかに、干《カン》、士《シ》などあるが、省略する。

③—①②以外の象形文字がつくる音記号。(20)

果《カ》……果《カ》(このみ、はて)、菓《カ》(このみ)、課《カ》(わりあてる)
主《シュ》……主《シュ》(ひ、あるじ)、住《ジュウ》(すむ)、柱《チュウ》(はしら)、注《チュウ》(そそぐ)、駐《チュウ》(とどまる)、註《チュウ》(しるす)
其《キ》……其《キ》(箕《み》)、基《キ》(もとい)、期《キ》(とき)、旗《キ》(はた)、棋《き》(しょうぎ)、碁《キ》(ご)、欺《ギ》(あざむく)
申《シン》……申《シン》(かみなり)、伸《シン》(のびる)、神《シン》(かみ)、紳《シン》(しんし)
由《ユ》……由《ユ・チュウ》(ひさご よる)、油《ユ》(あぶら)、宙《チュウ》(そら)、抽《チュウ》(ぬきとる)、笛《テキ》(ふえ)、軸《ジク》(まきもの)

ほかに、亥《カク》、求《キュウ》、巨《キョ》、京《キョウ》、才《サイ》、曽《ソウ》などの象形文字一五字は、省略する。

ただし、これらの多くは新出漢字なので『ワーク5』には、そのそれぞれに絵と古代文字と現代字形を結ぶ練習が用意されている。

❷——会意文字がつくる三七の音記号

次は、一〇一漢字や部首などの単体の漢字が組み合わさった会意文字がつくる三七の音記号をとりあげる。

まず単体の漢字が組み合わさって会意文字がつくられる。この会意文字は、さらに音記号に変身して部首と組み合わさり形声文字をつくるのである。

こうしてできる形声文字がもっとも多いので、このタイプが形声文字の典型であるといってもいい。(上の□のなかが一〇一漢字や部首などの単体の漢字。下の□の漢字が音記号となる会意文字。)

夂(なつあし)
口(くち)……各《カク》(おのおの いたる)……格《カク》(からむ、いたる)、客《カク・キャク》(まろうど)、閣《カク》(たかどの)、額《ガク》(ひたい)、絡《ラク》(めぐる)、落《ラク》(おちる)、酪《ラク》(ちちしる)

十(じゅう)
口(くち)……古《コ》(ふるい)……固《コ》(かたい)、故《コ》(ゆえ)、枯《コ》(かれる)、個《コ》(ひとつ)、湖《コ》(みずうみ)、箇《コ・カ》(かぞえる)、苦《ク》(くるしい、にがな)

刀(かたな)
口(くち)……召《ショウ》(めす)……招《ショウ》(まねく)、沼《ショウ》(ぬま)、昭《ショウ》(あきらか)、紹《ショウ》(つぐ)、詔《ショウ》(つげる)、照《ショウ》(てる)、超《チョウ》(こえる)

厂(がんだれ)
又(みぎてのまた)……反《ハン》(かえす そる)……坂《ハン》(さか)、阪《ハン》(さか)、板《バン》(いた)、版《ハン》(はんぎ)、販《ハン》(うる)、飯《ハン》(めし)、返《ヘン》(かえす)

八(はち)
向(むく)……尚《ショウ》(たっとぶ)……掌《ショウ》(てのひら)、裳《ショウ》(も)、賞《ショウ》(ほめる)、償《ショウ》(つぐなう)、党《トウ》(なかま)、堂《ドウ》(たてもの)、常《ジョウ》(つね)

このほか、安《アン》、意《オク(イ)》、化《カ》、可《カ》……など、三三一の音記号があるが、以下、省略する。

ここでは、会意文字そのものが音記号になっているので、その会意文字を分解して単体の漢字をぬきだす練習も用意してある。

その音記号の形と音をつかむことができれば、音をてがかりに組み立てられている形声文字の構造もつかむことができる。それは、基本一〇一漢字と、複雑な形声文字の構造をつなげるてだてをつかむことでもある。

❸——独立した漢字としては使われていない三六の音記号

現代では独立した漢字としては認められていない漢字が音記号として使われているものがある。そのなかには、「初文」といわれる且《ソ》や乍《サク》の象形文字や、采《サイ》や氐《テイ》などの会意文字があることはまえにも述べた。

たとえば、采《サイ》は、爪（爫）と木の会意文字で《木の実を爫（て）でつまみとる》という意味で採《サイ》の初めの漢字（初文）であるという。ところが、その采《サイ》が《いろどり、かざり》などの意味をあらわすようになったために、あらためて「とる」には扌（てへん）をつけて採《サイ》がつくられ、「いろどり」には彩《サイ》がつくられたという（『字統』による）。

したがって、現代では独立した漢字としては認められていない形だが、最初の漢字（初文）といわれるだけに、単純な、基本の形をした象形文字や会意文字が多い。

①—独立した漢字とは認められていない象形文字が音記号になっているもの。（13）

且……且《ショ・ソ》（せんぞ）、阻《ソ》（けわしい）、狙《ソ》（ねらう）、祖《ソ》（せんぞ）、租《ソ》（みつぎ）、粗《ソ》（あらい）、組《ソ》（くみ）、詛《ソ》（のろう）、査《サ》（しらべる）、助《ジョ》（たすける）

乍……乍《サ・サク》（つくる、たちまち）、詐《サ》（あざむく）、作《サク》（つくる）、昨《サク》（きのう）、搾《サク》（しぼる）、酢《サク・ソ》（す）

畐……畐《フク》（酒だる）、副《フク》（そえる）、幅《フク》（きれはば）、福《フク》（さいわい）、富《フ》（とむ）

咅……咅《ホウ・ハイ》（花のうてな）、倍《バイ》（ばいまし）、培《バイ》（つちかう）、陪《バイ》（そえる）、賠《バイ》（つぐなう）、部《ブ》（わける）、剖《ボウ》（さく）

侖……侖《リン》（まるくまとまる）、倫《リン》（なかま）、淪《リン》（さざなみ）、輪《リン》（車のわ）、論《ロン》（まとめてしゃべる）

このほかに、禺《グウ》、圣《ケイ》、冓《コウ》など八つの音記号があるが、省略する。

②―独立した漢字としては認められていない会意文字が音記号になっているもの。（23）（上の□のなかがもとの漢字、下の□のなかが音記号となる会意文字。）

爫（つめかんむり）＋木（き）→采《サイ》（つみとる）……採《サイ》（とる）、菜《サイ》（な）、彩《サイ》（いろどり）

氏（うじ）＋一（いち）→氐《テイ》（ひくい）……低《テイ》（ひくい）、底《テイ》（そこ）、抵《テイ》（おす）、邸《テイ》（やしき）

艹（くさかんむり）
日（日）……莫《バク》（ひぐれ）……幕《バク・マク》（まく）、漠《バク》（さばく）、募《ボ》（つのる）、暮《ボ》（くれる）、墓《ボ》（はか）、慕《ボ》（したう）、
模《ボ・モ》（かた）

才（さい）
戈（ほこづくり）……𢦏《サイ》（きずつく）……栽《サイ》（うえこみ）、裁《サイ》（さばく）、載《サイ》（のせる）

戈（ほこづくり）
戈（ほこづくり）……戔《セン》＝戋《セン》（すくない）……浅《セン》（あさい）、践《セン》（ふむ）、銭《セン》（ぜに）、桟《サン》（かけはし）、残《ザン》（のこる）

このほかに、韋《イ》、袁《エン》、咼《カ》、臤《ケン》…など一八の音記号があるが、省略する。

このように見てくると、形声文字の音記号のほとんどは、一〇一漢字を中心にした象形文字や、その象形文字が組み合わさった会意文字であることがわかる。

したがって、音記号のでどころをさぐると、一〇一漢字を中心にした象形文字にたどりつくことになる。その象形文字の形が、ちぢんだり、かけたり、変わったり、化けたりして組み合わさり、直接、音記号になったり、会意文字になったりしたうえで音記号になっている。

だから、音記号のでどころを探ることは、そのもとになっている一〇一漢字を中心にした象形文字と複雑な形声文字とのつながりを見つけることであり、〝分ければ見つかる知ってる漢字〟を実践することにもなるのである。

❹――音記号をとり扱う指導上の留意点

形声文字の音記号のでどころにかかわって、もとの漢字の意味をすてて、音だけを借りる仮借法と、もとの漢字の意味までになって音記号になる転注法があることは、すでに述べた。

それゆえ、形声文字の音記号は意味をもたないのが原則であって、意味をになう音記号は、いわば特殊な形声文字である。それでとくに「亦声《えきせい》」とよばれている。それは例外的であるという。

それまで、音記号のとり扱いの授業で、しばしば音記号の意味系列にまでふみこんでは失敗してきたことの原因は、そのことに理由があったことを思いしらされた。

つまり、転注法によってつくられた形声文字の音記号は、いわば特殊な音記号であるのに、私は、そのように意味をになっているのが音記号のどれもがもっている一般的な性質のように思いちがいしていた。その思いちがいが授業を失敗させ、意味系列にふみこんでは子どもたちを混乱させていたのだった。

たとえば、正《セイ》《一は城郭で囲まれた邑《むら》、そこへ向かってすすむ止《あし》》、征《いって征服する》、政《攵《むち》をもって税金をとる》は、他の都邑《とゆう》を攻め、税金をとり支配するという一系の字である。正《セイ》は征《セイ》の初文といわれ、政（まつりごと）とひとつながりの意味をもつ形声文字である。

ところが、おなじ正《セイ》、あるいは正《ショウ》という音記号をもつ整《セイ》《束ねたものをととのえる》や症《ショウ》《病気のしるし》などは、意味のうえでは征服や政治の正《セイ》とはなんのつながりもない、ただ音だけをあらわしている音記号なのである。

　このことについて白川先生は、また次のようにも述べている（『白川静著作集1』「字音と字義」二六六ページ、平凡社）。

「（巠（たていと）の例をあげて転注法を説明したあとで）しかしこのような関係が、同じ声符の間につねにあるというわけではない。曽《そう》は甑《こしき》の初文で蒸し器であるから、重ねたものを意味する。層《そう》（かさなる）・増《ぞう》（ます、加える）などはその義を承ける字である。しかしたとえば同じく曽《そう》を声符とする僧《そう》（そうりょ）・憎《ぞう》（にくむ）・噌《そう》（みそ）・矰《そう》（いぐるみ、いとゆみ）・贈《ぞう》（おくる）などは必ずしもその意を承けるものではない。すなわち声符の字の選択は、この場合任意的になされているにすぎないのである。……」（ルビと（　）内の注は筆者）

　このようにある形声文字の音記号が、仮借法によってもとの漢字の意味を捨てているのか、それとも転注法によってもとの漢字の意味をになっているのかは、個別に辞典にあたって調べて、そこから帰納しなければわからないのである。

　したがって、形声文字の構造をあつかうためには、「形声文字の音記号は意味をもたないのが原則である」にしたがって意味をきりすて、部首と音記号で組み立てられているという、できるだけ単純化した形でとりあげるべきだと考えた。

　そこで、『一〇八形声文字カルタ』では、すべて、系列をつくってならぶ同形の音記号と部首で組み立てられているという単純化した図式に整理してとりあげている。もちろん、そのなかには転注法によって組み立てられている系列もある。

そこで、まず部首と音記号で組み立てられている形声文字の構造をつかむために、そして、できれば、そのおよその意味もつかめるように次のように工夫した。

つまり、それぞれの漢字からとりだした部首と、同音の音記号をもつ漢字がつくることば(漢語)をならべ、それらをふくめた五七調のよみ札をつくったのである。

正義の正《セイ》、征服の征《セイ》、政治の政《セイ》は、《都邑を征服し政《まつりごと》をする》ことにかかわる一系の字である。

それに対して、増《ゾウ》(ふえる)、層《ソウ》(かさなる)は一系の字だが、僧《ソウ》(そうりょ)、贈《ゾウ》(おくる)は、意味のうえではなんの関係もない字である。しかし、これらの意味には深入りはしない。ここでは、あくまでも部首と音記号で組み立てられている形声文字の構造をつかむことがねらいの中心だからである。

白川静先生は「漢字教育法」のなかで、「漢字は機械的に教えられるものではない。覚えるものであり、悟るものである」(同上、三三八ページ、平凡社)と述べている。

つまり、ここでは部首と音記号で組み立てられている形声文字の構造をまずしっかりと覚えてもらいたいのだ。そして同時に、もしできれば、そのなかには正《セイ》、征《セイ》、政《セイ》のように意味のうえでも一系のつながりがある音記号もあることを悟ってほしい。少なくとも疑問をもったり、質問したり、みずから辞典でたしかめるような気持ちになってほしい。

よみ札

とり札

そんなきっかけにもなればと願って、それぞれの字の意味がわかるような短文をよみ札にそえたのである。カルタで遊んで漢字のみごとな繋りをしぜんに覚え悟ることから、子どもたちの探究心と好奇心が大いに動きだしてほしいものである。

◉Ⅵ章◉
漢字の広場

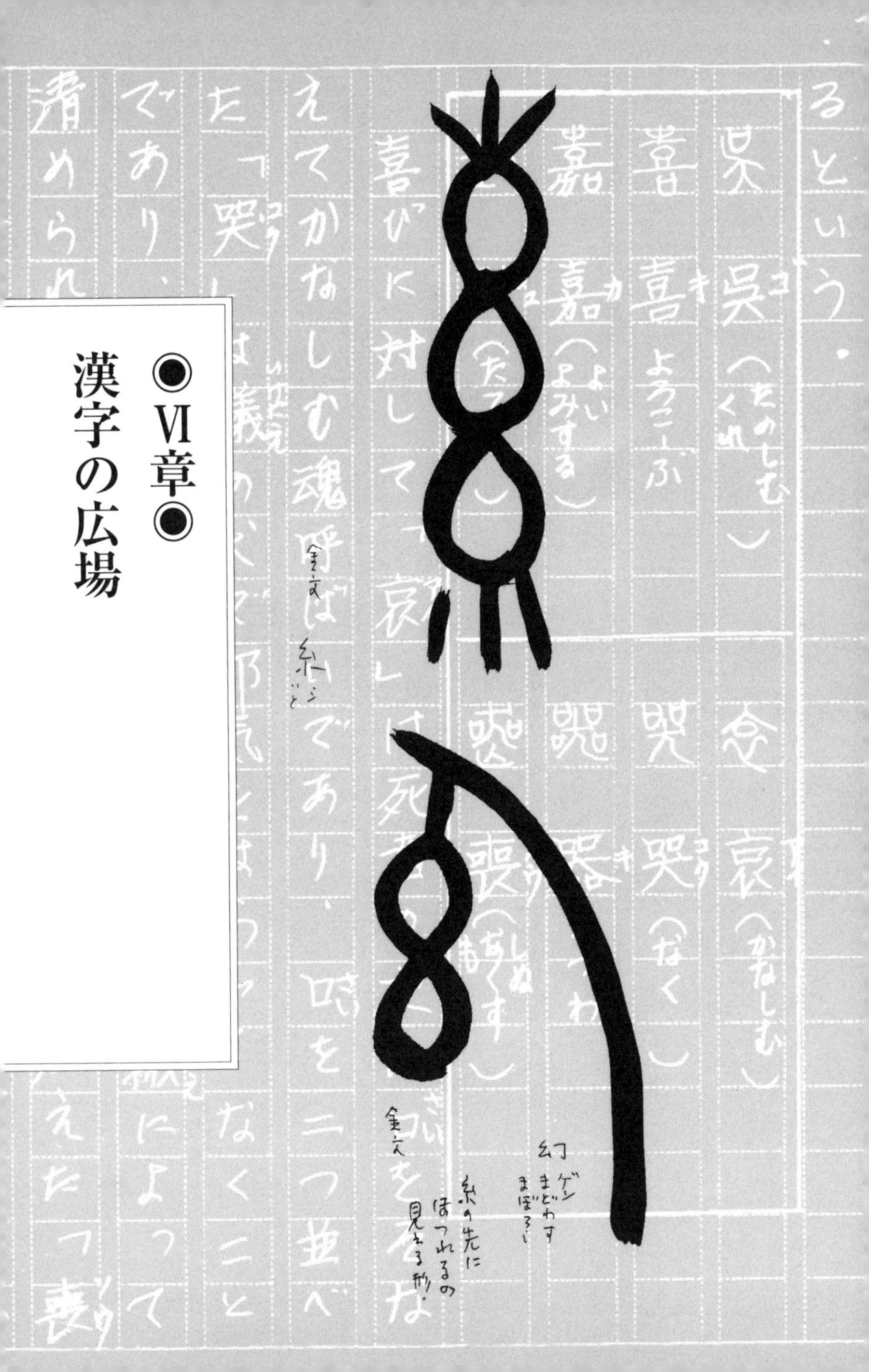

漢字はみんな繫がっている

❶ 形声文字は漢字の十字路をつくっている

形声文字は、部首と音記号で組み立てられている。その音記号は、およそ半分が一〇一漢字を中心とする基本漢字（象形文字）であり、残りの半分は、その基本漢字を組み合わせた会意文字である。

また、部首のほとんどは、一〇一漢字を中心にした象形文字で、ごく少数、これもまた会意文字がふくまれている。

つまり、音記号も部首も、そのもとをたどっていくと、そのほとんどは象形文字であるということになる。これが〝分ければ見つかる知ってる漢字〟という学習方法の根拠となっている。

ここでは、部首と音記号で十字路をつくって、みごとな体系をなしている形声文字の例をつぎの疒（やまいだれ）の部首でとりあげてみよう。

●疒(やまいだれ)の漢字と音記号がつくる、部首と音記号の十字路のつながり

(□のなかが音記号、(会)会意・(象)象形、無印の漢字はすべて形声、①~⑥・中①~③は配当学年、×は常用漢字以外。)

疫《エキ》  …… (会) 殳《シュ→エキ》(なげやり)、③役《ヤク・エキ》(なげやりで国を守る。役人)、中③疫《エキ》(えきびょう)

疲《ヒ》  …… ③(象) 皮《ヒ》(けがわ)、中①彼《ヒ》(かれ)、中③披《ヒ》(ひらく)、中①疲《ヒ》(つかれる)、中①被《ヒ》(こうむる)、③波《ハ》(なみ)、⑤破《ハ》(やぶる)、中③婆《バ》(ばば)

症《ショウ》  …… ①(会) 正《ショウ・セイ》(征服することがただしい)、中②征《セイ》(征服し税をとる)、⑤政《セイ》(支配するまつりごと)、③整《セイ》(ととのえる)、中②症《ショウ》(やまいのしるし)、⑤証(證=あかし)

病《ビョウ》  …… 中③(象) 丙《ヘイ》(やりの柄)、中①柄《ヘイ》(え)、③病《ビョウ》(やまい)

疾《シツ》  …… 中③(会) 疾《シツ》(もと矢きず やまい)、×嫉(ねたむ)

痛《ツウ》  …… (象) 甬《ヨウ・トウ・ツウ》(桶の初文 とおる)、②用《ヨウ》(もちいる)、中③(会)庸《ヨウ》(もちいる)、②通《ツウ》(とおる)、⑥痛《ツウ》(いたみがつきぬける)、中①踊《ヨウ》(おどる)、④勇《ユウ》(いさむ)

痘《トウ》  …… ③(象) 豆《トウ》(たかつき まめ)、中③痘《トウ》(ほうそう)、③登《トウ》(のぼる)、②頭《トウ》(あたま)、中①澄《チョウ》(すむ)、③短《タン》(みじかい)

痢《リ》  …… ④(会) 利《リ》(いねをかる するどい)、㊔莉《リ》(花の名・茉莉《まつり》)、㊔梨《リ》(なし)、中③痢《リ》(くだりばら)

知《チ》  …… ②会 知《チ》 （しる）、中③痴《チ》（おろか）、名会智《チ》（ちえ）

療《リョウ》  …… 象 尞《リョウ》 （ひまつり）、中③僚《リョウ》（やくにん なかま）、中③寮《リョウ》（なかまの とまる宿）、中②療《リョウ》（いやす なおす）、×遼《リョウ》（はるか）

癖《ヘキ》  …… 会 辟《ヘキ》 （辛《はり》で肉を切り とる刑罰）、×僻（つみをさける）、中①癖《ヘキ》（かたよる、くせ）、中①壁《ヘキ》（寒さをさける壁）、
中①避《ヒ》（みちをさける）

癒《ユ》  …… 会 俞《ユ》 （膿血を余《はり》でさして、舟《たらい》にとり、なおる）、中③癒《ユ》（治療して なおる）、中①愉《ユ》（なおって たのしい）、⑤輸《ユ》（うつし うごかす）、
中③諭《ユ》（病をなおすように 人にさとす）

以上、一二字が疒（やまいだれ）の部首に属するすべての常用漢字である。そのすべての漢字がどれをとっても孤立するものはなく、その音記号を核として、整然とした系列をつくっている。

部首の疒（やまいだれ）がついている漢字が横に並ぶとすると、その漢字の音記号がたての線としてつながり、部首と音記号で十文字のつながりをつくっているのである。

こうしてみると、正《セイ》、甬《ツウ》、辟《ヘキ》、俞《ユ》など、意味をになってはたらいている音記号、いわゆる声義をもつ音記号がはっきりわかってくる。

そして、「形声文字の音記号は意味をもたないのが原則である」ということも、事実として具体的に納得していただけるだろう。

将来、このような形声文字の音記号の系列を整理した「音記号辞典」ができれば、教師は、その形が意味

をすてさって音だけをあらわしている仮借法の音記号でも、その形が意味も生かして組み合わさっている転注法の例でも、自在にひきだして並べることができるし、疑問をもった子どもたちが自分自身の手によって調べたり、確かめたりすることもできるようになるはずだ。

けれど、当面は、『字統』によって音記号の系列やその字源をいちいち確かめなければならない。『字統』では、見出し語(漢字)があいうえお順に並んでいるので、同音の音記号もほぼ同じところに画数順に並んでいる。同形同音の系列をもつ音記号は意外にかんたんに見つけることができる。しばらくは『字統』をつかうことをおすすめする。(編集部注――一九九六年に『字通』が平凡社から刊行された。)

❷――形声文字の十字路から漢字の広場ができる

形声文字は、部首と音記号によって組み立てられている。いま、おなじ形の音記号でつくられている漢字をたてに並べ、その音記号に組み合わさる部首の漢字を横に並べると、部首と音記号でつくる十字路は、部首と音記号の広場にひろがっていく。

◉音記号が一〇一漢字(象形文字)の場合

次ページには、皮《ヒ》という音記号につながる漢字をたてに並べ、そのつながりをあげたが、すべての漢字はこのように、その形をてがかりに音と義《いみ》の組み合わせでつながり、全体としてみごとな体系をつくっている。

（けものの皮をてではぐ）皮《ヒ》

ぎょうにんべん 彳　役《エキ・ヤク》 往《オウ》 径《ケイ》 征《セイ》 彼《ヒ》 後《ゴ》 待《タイ》 律《リツ》 従《ジュウ》 徒《ト》

てへん 扌　打《ダ》 折《セツ》 投《トウ》 拍《ハク》 披《ヒ》 招《ショウ》 抱《ホウ》 指《シ》 持《ジ》 拾《ジュウ》

やまいだれ 疒　疫《エキ》 病《ビョウ》 疾《シツ》 症《ショウ》 疲《ヒ》 痛《ツウ》 痘《トウ》 痢《リ》 痴《チ》 療《リョウ》

ころもへん 衤　初《ショ》㊎ 補《ホ》 裕《ユウ》 褐《カツ》 被《ヒ》 裸《ラ》 複《フク》 襟《キン》 裏《リ》 袋《タイ》

さんずい 氵　池《チ》 汽《キ》 決《ケツ》 泳《エイ》 波《ハ》 河《カ》 注《チュウ》 油《ユ》 海《カイ》 洗《セン》

いしへん 石　研《ケン》 砕《サイ》 砲《ホウ》 硬《コウ》 破《ハ》 硝《ショウ》 硫《リュウ》 磁《ジ》 確《カク》 碁《ゴ・キ》

おんなへん 女　妃《ヒ》 妄《モウ》 妊《ニン》 妨《ボウ》 婆《バ》 姓《セイ》 姿《シ》 姻《イン》 婚《コン》 嫡《チャク・テキ》

一〇一の基本漢字を中心とする象形文字が形・音・義を固有するということの意味がここまできて初めて明らかになる。つまり、象形文字が固有する形・音・義は、ひとつの漢字が成立するための条件であると同時に、その形があらわす音や義がつぎつぎにたくさんの漢字をつなぎあわせる役割をになっているのである。

③ 漢字はすべて繋がりあっている

最後に、一つの漢字「衣《い》」(ころも)をとりあげ、この衣《い》の形・音・義がどのようにつながり、どんな漢字をつくっているのか、その具体的な例を次にあげてみよう。

まず、衣《い》(ころも)は、幺《ヨウ》、糸《ベキ》、糸《シ》、玄《ゲン》、巾《キン》(布)などとともに、衣食住の衣《い》にかかわる部首と群れをつくっている。

たとえば、幺《よう》(いとがしら)や糸《べき》(細い糸)は、糸よりさらにかすかな糸の繊維ともいうべきものだろうか。それを二本あわせて紡《つむ》いだのが絲《し》(いとたば)であり、現在の糸《し》(いと)は、紡いだ意味の絲《し》を簡略化した形であるという。

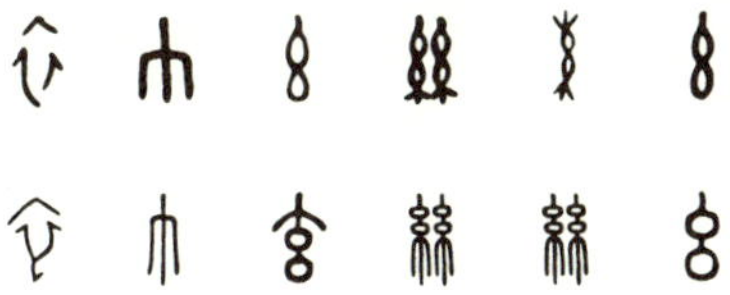

幺《いとがしら》(ヨウ かすか、ちいさい)

糸《いと》(ベキ いと・かすか)

絲《いと》(=糸《いとへん》 シ きいと)

玄《げん》(ゲン くろ、ふかい)

巾《はばへん》(キン ひざかけ、きれ)

衣《ころも》(=衤《ころもへん》 イ・エ ころも、きる)

玄(黒い)は、その糸たばを拗《ね》じって黒く染めた糸であり、その糸を経《けい》(たていと)と緯《い》(よこいと)に組み合わせて機(はた)にかけて織ると、布《ぬの》ができあがる。その布《ぬの》はきれをあらわす巾《はばへん》の部首にはいる。そしてその布《ぬの》を裁断して仕立てると衣(ころも)ができあがるわけである。

「衣」という部首は、人の暮らしに直接つながるこうした一連の部首の群れのなかに位置していることをまずあげておきたい。

そして、衣の部首に属する漢字は、表(おもて)、裏(うら)、襟(えり)、衷(なか)など衣服の部分、褐(わたいれ)、複(あわせ)、襲(かさねぎ)など衣服の種類、裁(たつ)、製(したてる)、補(おぎなう)、裂(さける)など衣服の状態や仕立て、被(かぶる)、裕(ゆったり)、装(よそおう)、裸(はだか)など衣服を着るようすをあらわすなどの一連の漢字としてつながっている。

一方、同形同音の音記号は、ときには似ている音に、あるいは違った音にゆれながらも、おなじ形の系列をつくって次のようにつながっている。

◉「衣」を中心につながる漢字。(上の□はもとの漢字、下の□は音記号。)

音記号のもとの漢字	部首につながる		音記号
	中 ㊫④ 衣《イ》	(ころも 衣服)	衣《イ・エ》 中①依《イ・エ》(よる)
衣 毛	中 ㊌③ 表《ヒョウ》	(おもて)	表《ヒョウ》 ⑤俵《ヒョウ》(たわら)
衣 冄	中 ㊌③ 衰《スイ》	(おとろえる)	冄《あさひも》は冉《ゼン》、冉《ゼン》は再《サイ》、称《ショウ》、冓と一系の字
衣 中	中 ㊍③ 衷《チュウ》	(衣のなか)	㊫① 中《チュウ》(なか)、⑥仲《チュウ》(なか)、中①沖《チュウ》(おき)、⑥忠《チュウ》(まごころ)

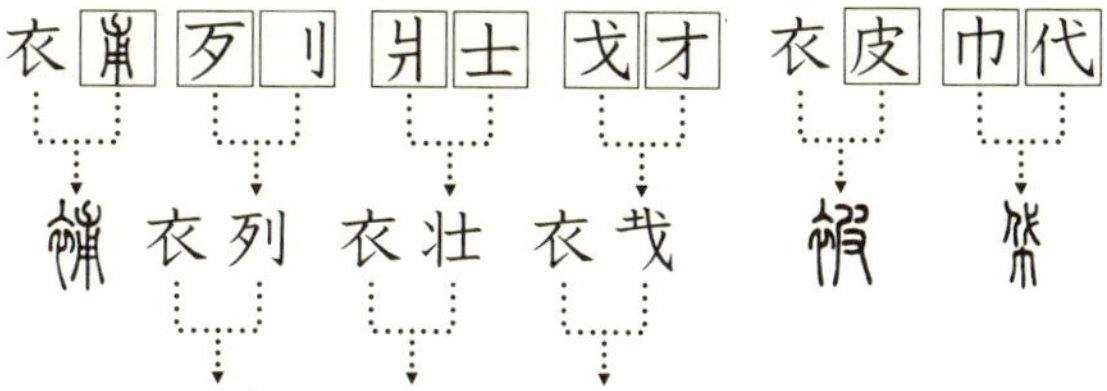

(形)中① 袋《タイ》（ふくろ）

(形) 被《ヒ》（かぶる）

(形)⑥ 裁《サイ》（たつ、さばく）

(形)⑥ 装《ソウ》（よそおう）

(形)中② 裂《レツ》（さける）

(形)⑥ 補《ホ》（おぎなう）

(形)③ 代《タイ・ダイ》（かわる）、⑤貸《タイ》（かす）

(象)③ 皮《ヒ》（かわ）、中①彼《ヒ》（かれ）、中③披《ヒ》（ひらく）、中①疲《ヒ》（つかれる）、③波《ハ》（なみ）、⑤破《ハ》（やぶる）、中③婆《バ》（ばば）

(会)× 𢦏《サイ》（きずつく）、(名)哉《サイ》（かな）、中①栽《サイ》（うえる）、中①載《サイ》（のせる）

(象)× 丬《ソウ・ショウ》（爿《ショウ》→丬《ソウ》）、中②壮《ソウ》（さかん）、中②荘《ソウ》（おごそか）、⑤状《ジョウ》（ようす）、⑥将《ショウ》（ひきいる）、中③奨《ショウ》（すすめる）

(会)③ 列《レツ》（ならべる）、④例《レイ》（たとえる）、中①烈《レツ》（はげしい）

(名)(象) 甫《ホ》（なえぎ、はたけ）、⑥捕《ホ》（とる、つかまえる）、中②浦《ホ》（うら）、⑥補《ホ》（おぎなう）、(名)輔《ホ》（たすける）、中②舗《ホ》（しく、おみせ）、×圃《ホ》（たんぼ）

← ×(会) 尃《フ・ハク》（しく、ひろい）、④博《ハク》（ひろい、おおきい）、中①敷《フ》（しく）、中②縛《バク》（しばる）、中①薄《ハク》（うすい）、中③簿《ボ》（ちょうめん）

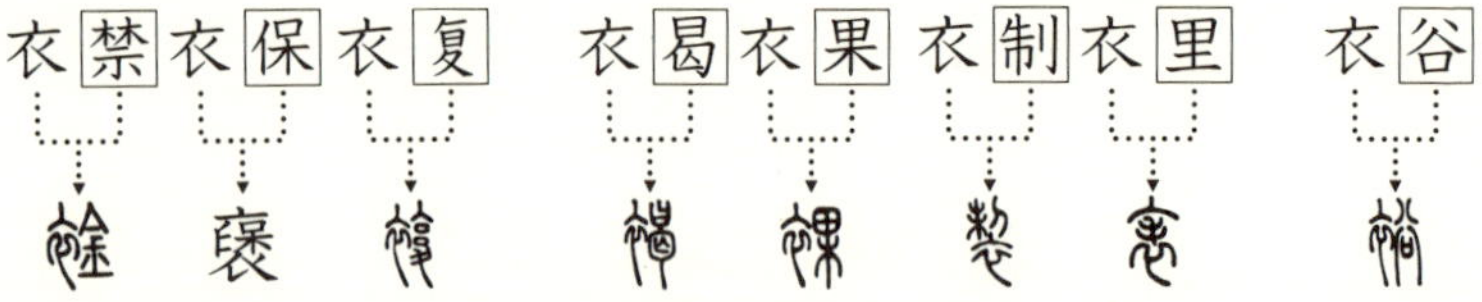

中③ 形 裕《ユウ》

(ゆたかに きる)

象② 谷《ヨウ》

(谷《コク》とは ちがう)、⑤容《ヨウ》(すがた)、⑥俗《ゾク》(ならわし)、④浴《ヨク》(あびる)

⑥欲《ヨク》(ほっする)、中②溶《ヨウ》(とける)、

形⑥ 裏《リ》

(うら)

会② 里《り》

(さと)、②理《り》(おさめる すじめ)、中②厘《りん》(りん)、名 鯉《り》(こい)

形⑤ 製《セイ》

(したてる)

会⑤ 制《セイ》

(きる おさえる)

中② 裸《ラ》

(はだか)

象④ 果《カ》

(果実 はたす)、中①菓《カ》(木の実 かし)、④課《カ》(わりあてる)

中② 褐《カツ》

(わたいれ 茶色)

会× 曷《カツ》

(かつ もとめる)、中③喝《カツ》(しかる)、中②渇《カツ》(かわく)、中①掲《ケイ》(かかげる)、

中③謁《エツ》(まみえる)

⑤ 複《フク》

(あわせ わたいれ)

会× 复《フク》

(かえる)、⑤復《フク》(むくいる)、⑥腹(はら)、中②覆《フク》(おおう)、中②履《リ》(くつ ふむ)

中② 褒《ホウ》

(ほめる)

会⑤ 保《ホ》

(たもつ)、×緥《ホウ》(おむつ)

中③ 襟《キン》

(えり)

会⑤ 禁《キン》

(とどめる)

衣［龍］

中①襲《シュウ》←……（かさねてきる）
×龍《リュウ》＝中②竜《リュウ》（たつ）、×滝《ロウ》（たき）

●部首以外につかわれている衣のつく漢字

古代では、衣《ころも》にはそれを着る人の魂が宿されているという信仰があって、死や葬送などの儀礼には衣にかかわるたくさんの漢字がつくられている。以下にそれをあげる。

衣［十］

④卒《ソツ》（死者の衣のえりをしめて、霊が迷いでるのを防ぐ。）……→部首は十の部

衣［水］［目］

褱《カイ》（死者の衣に眔（なみだ）をそそぐ。）
㊎×褱《カイ》
中①壊《カイ》（こわす）、中②懐《カイ》（なつかしむ）

衣［工］［口］

襄《ジョウ》（衣のなかに口《サイ》と工《コウ》をいれ邪霊を防ぐ。）
㊎×襄《ジョウ》
中③壌《ジョウ》（つち）、中③嬢《ジョウ》（むすめ）、中①譲《ジョウ》（ゆずる）、
中③醸《ジョウ》（酒づくり）、㊔穣《ジョウ》（みのり）

衣［玉］［目］

睘《カン》（死者の衣に玉をいれ甦らせようとする）
㊎×睘《カン》
中①還《カン》（かえる）、中①環《カン》（たま）

袁《エン》

（之《あし》と玉と衣で死者の遠い旅立ちをおくる。）

㊎ × 袁《エン》

③園《エン》（その）、②遠《エン》（とおい）、中②猿《エン》（さる）

こうしてみると、「衣」の部首に属する漢字一九字、取りだした音記号と同形の音記号でつながる漢字七三字、「衣」の部首以外で、とくに音記号としてつかわれている衣のつく漢字一七字、合計一〇九字になる。

一つの漢字は、その形・音・義を生かしてこのようなつながりをもっているのである。

❹——『字通』の刊行を喜ぶ

この秋、白川静先生の『字通』（平凡社）が刊行された。これで『字統』『字訓』につづく三部作が完成し、先生の長年のご研究が集大成されたことになり、誠に喜ばしい。

たしかに人と神との交流を説いた古代漢字には一見とりつきにくい側面がある。けれど、ここで説きあかされている漢字の体系的なつながりは、小学校の基本漢字の学習にも必要不可欠なことがらがつぎつぎに説明されていて、とても興味深い。そこで、その二、三の例を挙げ、刊行を喜ぶ気持ちを表してみたい。

『字通』（『字統』でも）では、「初文」ということばがしばしばでてくる。ある漢字の初めの形、あるいはおもとの漢字といったらいいのかもしれない。

又《ユウ》は右《みぎ》の、𠂇《サ》は左《ひだり》の、乍《サク》は作《つくる》の、申《シン》は神《かみ》の、莫《バク》は暮《くれる》の初文であるなどという。

又《ユウ》（＝みぎて）……右《ユウ》（みぎ）
𠂇《サ》（＝ひだりて）……左《サ》（ひだり）
乍《サク》（＝つくる）……作《サク・サ》（つく・る）
申《シン》（＝いなずま）……神《シン》（かみ）
莫《バク》（＝ひぐれ）……暮《ボ》（く・れる）

こうした初文のほとんどは絵をかたどってできた象形文字か、それらを組み合わせた会意文字なので、白川先生は「象形的方法による基本漢字」と位置づけている。

さて、その基本漢字の莫《バク》が暮《ボ》になるには、次のような経緯があったという。

まず草むら（茻）に沈む日《ひ》が組み合わさって莫《バク》（ひぐれ）ができた。いわゆる初文である。その莫《バク》は《ひぐれ》から《くらい》《おはか》《さみしい》《ない》などの意味をつぎつぎに背負いこんでつかわれるようになった。これでは不便なので、初文の莫《バク》は《なし》という意味に専用し、他の意味をあらわすには莫《バク》に意味範囲を限定する部首をつけ加えることにした。こうして、莫《バク》を音記号とした次のような形声文字の系列（音系）ができあがっていった。（①から中③は小・中学校の漢字配当学年、×は常用漢字以外。）

×莫《バク・ボ》（なし）、⑥暮《ボ》（くれる）、⑤墓《ボ》（はか）、⑥模《ボ・モ》（かた、のっとる）、中②慕《ボ》（したう）、⑥幕《マク・バク》（まく、とばり）、中②漠《バク》（さばく）、中②膜《マク》（まく、うすかわ）、×寞《バク》（さみしい）、×驀《バク》（まっしぐら、にわか）、×蓦《バク》（はか）……以下略……

したがって、ある漢字の初文を知るということはたんにその字源を知ることだけではない。その初文が音記号という核になって（ときにはその意味＝声義までも担って）、形声文字の系列をつくっているという造字法の仕組みまでもつかむことになる。

ところが、こうした形声文字の出現は漢字の数を増大させ、これらの漢字を集約していた部首は統合・整理の必要にせまられることになった。

初めての辞書『説文解字《せつもんかいじ》』(漢代)では九千余字が五四〇の部首に収められていたが、『康熙辞典《こうきじてん》』(清代)では四万七千余字を索引の便をはかるために二一四の部首に統合し整理しなければならなかった。

その部首法をそっくり現在にうけついでいるわが国の辞典では、意味範囲を限定するという部首本来の役割をなくし、形骸化した部首ができてしまった。たとえば、次に述べる口(くちへん)の部首である。

現在、口(くちへん)に属する常用漢字は六十余字、そのうち口耳の口を意味すると考えられる漢字は「吸《す》う」「唇《くちびる》」などわずか十数字、残りの四十数字はすべて「神への祈りのことば(祝告)を入れる器」、載書《さいしょ》の口《さい》の意味としてつかわれているのだという。

『字通』では「……文字は祝告の最もさかんに行われた時期に成立し、その儀礼の必要によって成立したものである」と述べられている。

 呉《ゴ》(たのしむ くれ)　 哀《アイ》(かなしむ)

 喜《キ》(よろこぶ)　 哭《コク》(なく)

 嘉《カ》(よい よみする)　 器《アイ》(うつわ)

 尌《ジュ》(たてる)　 喪《ソウ》(しぬ なくす も)

そう指摘されてあらためて口(くちへん)の字を調べてみると(「 」内は口〈くちへん〉の字)、「呉《ゴ》」は、口《さい》を捧げ首を傾け神をたのしませる踊りで娯《ゴ》の初文であり、「喜《キ》」は、口《さい》を捧げ鼓をうって神をたのしませることであり、これに耜《すき》を意味する力を加えた「嘉《カ》」は、神に豊作を祈ることであり、壴(鼓)に寸を加えた尌《ジュ》は邪気をはらって植樹する樹《じゅ》の初文であるという。

喜びに対して「哀《アイ》」は、死者の衣に口《さい》をそなえてかなしむ魂呼ばいであり、口《さい》を二つ並べた「哭《コク》」は犠《いけにえ》の犬で邪気をはらってなくことであり、口《さい》を四つ並べた「器《キ》」は犠《いけにえ》の血によって清められた祭器であり、哭《コク》に亡《ボウ》を加えた「喪《ソウ》」は命を亡《な》くすことであり、これらはすべて神への儀礼であったという。

神に「告《コク》」(いのり)、「嗟《サ》」(なげき)、その意向を「司《シ》」(うかがい＝伺の初文)、神に「咨《シ》」(はかり＝諮の初文)、「占《セン》」(うらない)、その神意を「問《モン》」(と)わなければ、なにひとつ事がおこせない時代に漢字は成立したのだという。

神々に向けた喜怒哀楽は、やがて人間のそれにかわっていった。漢字はそうした現実のすべてを余すところなく写しだしながら現在に至っている。したがって、漢字の変遷は、それぞれの時代を生きた人間の文化史ともいえるのである。

『字通』は、こうした古代文字の意味を掘りおこしているが、それは同時に形骸化したと思われている部首の意味を復活させ、その造字法のはたらきまで甦らせることでもあった。

『字通』は、親字ごとに象形や会意などの字源と並べて、部首や声系などの項目を設けている。

その『字通』の通《ツウ》は、古代文字が現代漢字に通《ツウ》じている通《ツウ》であり、またすべての漢字が部首や声系によってつながりあい、通《ツウ》じあっていることを象徴的にあらわす通《ツウ》なのだろう。

【声系と部首が縦横につながる表】

部首……艹《くさかんむり》 日《にちへん》 土《つちへん》 力《りきづくり》 小《こころ》 木《きへん》 巾《はばへん》 氵《さんずい》 月《にくづき》

声系……莫《ハク・ボ》 暮《ボ》 墓《ボ》 募《ボ》 慕《ボ》 模《モ・ボ》 幕《マク・バク》 漠《バク》 膜《マク》……

……芽《ガ》英《エイ》芳《ホウ》芸《ゲイ》花《カ》

……春《シュン》昨《サク》映《エイ》明《メイ》早《ソウ》

……型《ケイ》坊《ボウ》坂《ハン》坑《コウ》圧《アツ》

……労《ロウ》努《ド》助《ジョ》劣《レツ》加《カ》

……恭《キョウ》志《シ》忌《キ》快《カイ》忙《ボウ》

……枯《コ》林《リン》材《ザイ》机《キ》札《サツ》

……帯《タイ》席《セキ》希《キ》帆《ハン》布《フ》

……決《ケツ》汽《キ》池《チ》江《コウ》汗《カン》

……肺《ハイ》胃《イ》育《イク》肝《カン》肌《キ》

◎Ⅶ章◎

漢字とことば（語彙）

漢字と漢語

ある漢字の字源やその成り立ちを知っていたとしても、それでその漢字があらわすことばのすべてが理解できるものではない。単語と複合語では意味がずれてくることがあるし、漢語になると、さらに別の意味が派生してくることさえある。

たとえば、「白い鳥」といえば、羽の色が白くさえあれば、鶏でも、鶴でも、鷗《かもめ》でも、文鳥でもすべてふくむことになる。ところが、「白鳥《しらとり》」となると、①「白い羽毛の鳥」もふくむが、②「はくちょう」もさす。それが「白鳥《はくちょう》」という漢語になると、①「カモ目カモ科の水鳥。大形で首が長く、世界に五種。……以下略」(『広辞苑』)ということになって、スワンという固有の鳥をさすことになってしまう。

また、「生後《せいご》」といえば、「生まれた後。生まれてからこのかた。……」であるが、「生前《せいぜん》」といえば、生まれる前でも、生きてる前でもない。「存在している時。死なない前……」(『広辞苑』)ということになる。

したがって、音よみの漢字を訓よみになおして意味をとらえることは基本的に大切だが、それで漢字がつくるすべてのことばが理解できることにはならない。

だから、物語や作文などの言語活動のなかで、生きてつかわれているたくさんのことば(語彙)を豊かに獲得することが、漢字そのものの学習を支える基盤になくてはならない。

漢字の字源や成り立ち、その体系的な文字(言語)そのものの学習をたての糸(経《けい》)とすれば、物語などの言語活動のなかで、漢字があらわしている言葉(語彙)を獲得することはよこの糸(緯《い》)である。

このたて(経)とよこ(緯)の糸が相互に織りなして、初めて日本語をあらわすことばとしての漢字が豊かに身につくはずである。

ここでは、漢字と漢字がつくることばとのずれに焦点をあてて、日本語の語彙をあらわしている漢字の側面をとりあげることにする。

それは、「漢字がたのしくなる本」の『テキスト6・漢字の単語つくり』や、『ワーク6・漢字の単語あそび』の解説にもなるはずである。

❶ 音よみと訓よみ

たとえば高山《こうざん》のように漢字を音よみにしてつくられたことばは漢語とよばれ、山道《やまみち》のように漢字を訓よみにしてつくられたことばは和語《わご》とよばれている。

日本人は、古来から音よみの漢語を訓よみの和語に直して意味をとらえてきた。そしてそれはいまもなお続いている。

漢字の訓よみ廃止の提案に対し、鈴木孝夫氏は、「しかしすでに詳しく述べたように、日本漢字の大半は訓よみに支えられて、我々の頭の中にしっかりとした根を張っているのである。もし訓よみを廃止したら、やがては日本語の中の漢字および漢字語の存在それ自体が、崩壊してしまう危険があることを、忘れてはならない。……」（『閉された言語・日本語の世界』新潮選書）と述べて、訓よみがじつは日本語の漢語の存在自体を支えていることを明らかにしている。

さて、音よみの漢語を訓よみの和語に直しておよその意味をとらえるためには、漢語のくみたての六つの型がそのてがかりになる。

❷ 漢語の組み立て・六つの型

① □→□型　上の漢字（ことば）が下の漢字（ことば）をかざる型、下に中心の漢字（ことば）がくる。

「〜の〜」……草原（草の原）、山頂（山の頂上）

「〜い〜」……高山（高い山）、白雲（白い雲）

「〜する〜」……残雪（残る雪）、歩道（歩く道）

② □↕□型　上と下が対等にならぶ型。

「〜と〜」……夫妻（夫と妻）、父母（父と母）

③ □∷□型*似ている意味の漢字をならべた型。

変化（変《か》わる、化《か》わる）、広大（広い、大きい）

④□←□型＊上に中心の字(ことば)がくる型。

「〜を〜する」……下船(船を下りる)

「〜に〜する」……登山(山に登る)

⑤□＝□型＊おなじ漢字をくりかえした型。

満満、堂堂、悠悠

⑥×←□型＊上に打ち消しの漢字がつく型。

「〜ない　便利では」……不便、非常、未来

このうち、和語・漢語に共通する基本の型は、①の「上が下をかざる型」と、②の「対等にならぶ型」である。

それに対して、＊のついている③④⑤⑥は、中国文法の伝統をうけつぐ漢語特有のつくり方で、和語にはない型である。

その漢語特有の型をつかむためには、その基本になっている和語・漢語に共通する①の型で、上の字(ことば)が、下の字(ことば)をかざるという関係をまずしっかりとつかむことが何より大切である。

かざるとは、修飾するという文法用語をやさしい和語に言いかえただけで、上下のことば(字)のつながりを説明していることにはならない。

もし、そのつながりをわかりやすく説明するとすれば、かざるとは、上のことば(字)が、下のことば(字)の時や所や材料や目的や性質などをくわしく説明するはたらきであると、しなければならない。

たとえば次のようである。

	和語	漢語
①時《とき》	……朝風《あさかぜ》(朝の時《とき》の風)	朝 食《ちょうしょく》(朝の時《とき》の食事)
②所《ところ》	……山寺《やまでら》(山の所《ところ》の寺)	海草《かいそう》(海の所《ところ》の草)
③材料《ざいりよう》	……草笛《くさぶえ》(草の材料の笛)	氷 柱《ひょうちゅう》(氷の材料の柱)
④目的	……灰皿《はいざら》(灰を入れるための皿)	金庫《きんこ》(金を入れるための庫《くら》)
⑤性質	……古本《ふるほん》(古い本)	新校舎《しんこうしゃ》(新しい校舎)

このように、和語でも漢語でも、その組み合わせの基本は、上にかざることば(字)があって、下にかざられることば(字)が位置している。つまり、中心になるのは下のことば(字)であって、上のことば(字)は、下のことば(字)の時や所などをかざる役割をになっているのである。これが二つのことば(字)が組み合わさってことばをつくる基本の型である。

さて、和語の場合は朝《あさ》も風《かぜ》もそれぞれ独立したことばだから、その二つのことばがあわさった朝風はあわせ単語(複合語)である。

ところが、漢語の場合、音よみにした朝《チョウ》や食《ショク》は、字ではあるが独立したことばとは言えない。いわば、ことばのきれはしである。朝 食《ちょうしょく》となってはじめてひとつのことば(単語)になる。

それで、「ことば(字)」というわずらわしい表現をくりかえしたのである。この場合、「ことば」とは訓よみの和語をさし、「字」とはことばのきれはしでしかない音よみの漢字をさしている。

こうして、「ことばのきれはし」としての「字」で組み立てられているむずかしい漢語の構造を、それとおなじ構造をもつ和語を並べることによって、その仕組みをわかってもらおうと考えたのが、この「漢語の組み立て」である。こうして、和語も漢語も共通する「かざりかざられ」の基本の構造をつかんでしまえば、和語にはない漢語特有の構造をつかむことはそれほどむずかしいことではない。

こうして音よみの漢字を訓よみの和語になおして、とりあえず、その漢語のおよその意味をつかむこと。これが漢語の意味をとらえるふつうの、そして基本の方法である。

ところが、この方法では理解しにくい特別な漢字・漢語がいくつかある。

それは、気《キ》や校《コウ》のように訓よみのない漢字や、たとえあったとしても「統《す》べる」とか、「憩《いこ》う」のようなむずかしい訓よみの漢字である。なかには、暑《あつ》い、熱《あつ》い、厚《あつ》いのように一つの訓よみにいくつもの漢字があてられたりする使い方もあるからである。

次にはこんな特別な音・訓の漢字をとりあげてみる。

❸——常用漢字七二一字の訓よみの復活

いうまでもなく、漢字はもともと中国語をあらわすためにつくられた文字である。訓よみは、その漢字に日本語をあてはめていくのだから、現代の私たちが想像する以上に、たいへんな苦労と歳月がかかっている。そうした古い訓よみの経緯《いきさつ》を辞典が物語ってくれている。

たとえば、「統《トウ》」という漢字の訓よみは「すぶ」で、《多くのものをまとめて一つにする》という意味であり、全体をまとめて治《おさ》めることから《すべて》や《おさめる》という意味をもち、集約することから《すぼまる》などと語源をおなじくする。そして、統《トウ》、綜《ソウ》、総《ソウ》は、その字形の示すように糸をまとめ合わす字であるという（『字訓』白川静・平凡社）。

このように説明されると、「統」につく次のようなさまざまな訓よみの由来もわかるような気がする。

「統《トウ》」――ヲサム、スブ、スバル、スバマル、イトグチ、スヂ、ツヅキ、ノリ、ツイデ、スベテ……（『大字典』上田万年他・講談社）

けれど、こうしたたくさんの訓よみはしだいに整理され、現代語からはとてもうかがいしれない「すべる」に集約されてしまった。

まして統《トウ》は五年生の配当漢字である。小学校の高学年の子どもたちにもたやすく理解できるように、現代語におきかえてやる必要がある。

たとえば、「統《す》べる」を「まとめる」におきかえてやる。すると、統一《とういつ》とは《まとめて一つにすること》であり、統合《とうごう》とは《まとめてあわせること》となる。

器《うつわ》とは「いれもの」、衣《ころも》とは「きもの」、路《じ》とは「みち」、失《うしな》うとは「なくす」などなど……。古い訓よみを現代語におきかえてやる。こんな作業は珍しくはない。たぶん多くの先生たちは、新しい漢字のでるたびに実践していることなのかもしれない。

このように、古い訓よみをもった漢字は、それをてがかりにして現代語をひきだすことができる。けれど、現代の常用漢字一九四五字のなかには、訓よみのない漢字がおよそ七〇〇字ほどある。これは常用漢字の約三分の一(36%)にあたる。

一九四六年(昭和二十一年)に制定された当用漢字(いまの常用漢字のもと)は、たくさんの漢字の使用を制限すると同時に、それまですべての漢字についていた訓よみをおおはばに減らしてしまった。

私たちは、基本的には漢字制限に賛成する立場であり、私自身も、当時、「悪」のいくつもの訓よみ「わる-い、にく-む、いず-くんぞ、ああ」が廃止され、「わるい」一つに制限されたことを、むしろ、大いに歓迎したものだった。

ところが、教室で、訓よみのない新しい漢字の意味を教えようとすると、意外に不便なことにぶつかることになった。

たとえば、「圧《アツ》」にはもともと「おさえる」という訓よみがあった。けれど、この訓よみをつかわずに、「圧」の意味をつかもうとすれば、圧力、圧倒、水圧、気圧……などの漢語の羅列から帰納して、「おさえる」という意味をひきださなければならない。しかも、このとき、「圧」がつかわれる漢語は、子どもたちがよく知っていて、その意味が容易に抽出できるような漢語でなければならない。これは、教師にとっても、子どもたちにとってもたいへん回りくどい困難をともなう方法である。訓よみになおせば「圧《アツ》は《おさえる》という意味だよ」というひと言ですむ。

さらに、訓よみを復活すれば、次のような漢語の構造まで、子どもたち自身の手によってつかむことができる。

かつて次の漢字はどれも《みる》という訓よみをもっていた。

看《カン》、視《シ》、省《セイ》、督《トク》、察《サツ》、監《カン》、覧《ラン》、観《カン》、鑑《カン》……

もし、これらの漢字に《みる》という訓よみが復活すれば、次の漢語はどれも、「漢語の組み立て・六つの型」のうちの③「似ている意味の漢字をならべた型」として、とりあえず、およその意味をつかむことができるのである。

監視《かんし》(みる、みる)、観察《かんさつ》(みる、みる)、観覧《かんらん》(みる、みる)、監督《かんとく》(みる、みる)、視察《しさつ》(みる、みる)、診察《しんさつ》(みる、みる)、省察《せいさつ》(みる、みる)、監察《かんさつ》(みる、みる)……

そのうえで、監《カン》も覧《ラン》も《上から見おろす》、察《サツ》は《ようすをみる》、督《トク》は《とりしまる》、診《シン》は《しらべてみる》、視《シ》は《じっとみる》、省《セイ》は《ふりかえってみる》、観《カン》は《ながめる》などの、その漢字特有の意味をひきだすこともできる。

これらの漢字を組み合わせた漢語特有の意味をつかむためには、さらに辞典で確かめたりしなければならないが、まず訓よみで、とりあえずその漢語の意味をつかむことが漢字を理解する基本になるにちがいない。

こんなわけで、常用漢字のうちの七二二字の漢字の訓よみを復活したのである。次の(　)のなかが復活した訓よみである。

亜《ア》(二番目の)、愛《アイ》(こいしたう)、圧《アツ》(おさえる)、案《アン》(かんがえる)、以《イ》(もって、これから)、医《イ》(いやす、なおす)、委《イ》(まかす)、依《イ》(よりかかる)……

以下、『テキスト6』の巻末にくわしいので参照されたい。

❹ おなじ訓をもつ異なる漢字

「統《とう》」という一つの漢字がかつていくつもの訓よみをもっていたことはすでに述べた。それに対して、ここでは、「おさめる」という一つの和語がいくつもの別の漢字の訓よみとして使われている。いわゆる同訓異字についてとりあげる。

『字統』によれば、「おさめる」という訓よみをもつ漢字はかつて五〇字を越えていたという。そのうち、現代もつかわれている漢字を中心にその主なものをあげてみる。

己、刈、収°、弁、守、吏、攻、乱、治°、取、宰、修°、振、討、納°、能、脩、閑、理、順……略……

（○印は、いまも「おさめる」という訓よみで使われている漢字。）

これらはしだいに淘汰され、現代では、治《ジ》、修《シュウ》、納《ノウ》、収《シュウ》の四字だけが「おさめる」の訓よみとしてつかわれている。

さて、国語辞典では、厚《あつ》いと暑《あつ》いとか、川《かわ》と皮《かわ》のような同音語は違うことばとして、それぞれ別の見出し語をたてて、並べられている。ところが、治、修などは、すべて「おさめる」という一つのことばのなかの意味のちがい、つまり、多義語として次のように並べられている。

「おさめる」［治める・修める・納める・収める］（「おさ」は首長の意）、首長として統治・管理する意。

一、〈治〉……統治する。……平定する。……病苦をしずめなおす。……

二、〈修〉……乱れをただす。……学問や技芸などを身につける。
三、〈納・収〉 ①物をしまっておく。……②あるべき所にきちんと入れる。③所定の成果をあげる。④物や金銭などを受けいれる。……略……」（『広辞苑』）

つまり、「おさめる」という和語は、治、修、納、収のどの漢字でつかわれても、「おさ（首長）として統治・管理する」という共通の意味をもっている。そのうえで、一の「治」は、《統治する、病苦をなおす》という特徴を、二の「修」は、《つくろう。学問・技芸を身につける》という特徴をそれぞれもっている。

ところが、三の「納・収」は、まとめては①から④までの意味に使い分けることはできても、納・収のそれぞれの特徴に分けることはできない。

漢字のうえでは、納は《布帛の類を税として納入する意》であり、収は《縄をなって、それをしめる意》であるというが、和語の「おさめる」としてつかわれるときは、その意味の違いは関係がない。ただ使い方の慣用として、次のように分けているだけである。

納《ノウ》……税金を納める。品物を納める。仕事納め。胸に納める。

収……成功を収める。効果を収める。利益を収める。ビデオに収める。

このように、漢字の意味や、ことばの意味とはかかわりなく、たんなる使い方の慣用として使い分けられている同音・同訓の漢字はほかにもたくさんある。

たとえば、科《カ》と課《カ》のつかい方もその慣用の一つである。漢字の意味から言えば、「科《カ》」は《斗《とます》で禾《こめ》をはかることから、等級・種類・区分けの意味》、「課《カ》」は《こころみる、わりあてるの意味》である。この科と課は通用するなかで、いつからか会社・官庁では○○課《カ》をつかい、病院では○○科をつかう慣例ができている。

こうした慣用のちがいは、読み方や作文などの幅の広い言語活動のなかで、しだいに身につけるしか方法はないのである。

5――訓よみにしたのでは意味のつかめない漢語

訓よみの漢字としてつかわれる「入《ニュウ》」は《入《はい》る》ことであり、「出《シュツ》」は《出《で》る》ことであり、互いに反対の意味をもっている。ところが、これらの漢字が音よみの漢語としてつかわれることになると、組み合わさる漢字によってこの関係は微妙にくい違ってくる。

「入場《にゅうじょう》」の反対は「出場」ではなく、「退場」である。出場は《出ていって競技などに参加すること》になるから、むしろ入場と似ている意味につかわれている。ちなみに出場の反対は欠場である。「入社《にゅうしゃ》」は《採用されて会社に入ること》であり、反対は「出社」ではなく、「退社」である。しかも退社は《勤めていた会社をやめること》と同時に、《勤務時間を終わって会社から出ること》でもある。そして出社は《勤めのために会社に出ること》である。「入学《にゅうがく》」の反対は「卒業」であって、「退学」ではない。退学は《途中で学校をやめること、あるいはやめさせられること》である。

このように、訓よみにした漢字と、音よみにした漢字がつくる漢語では慣用的な使い方があり、意味にずれがおこってくる。

そのうえ、中国生まれの漢字・漢語は古い中国の文化・風俗をせおっている。さらに、江戸末期から明治にかけて、その漢字をつかってヨーロッパのことばをとり入れたから、漢字・漢語のなかには中国とヨーロッパの文化をはらんだ二重の外来語と言えるものさえ少なくない。

こうした漢語は、たとえ訓よみにしても、その意味をとらえることはできない。

(i)――おもに中国の故事がもとになっている漢語。

[油断《ゆだん》] 訓よみ(油《あぶら》、断《た》つ)

意味《気をゆるして、注意をおこたること。》

故事《油の鉢を持ち運び一滴でもこぼすと命を断たれるという涅槃経《ねはんぎょう》の文句からとも、和語「ゆた(寛)に」の転ともいう。》

[矛盾《むじゅん》] 訓よみ(矛《ほこ》、盾《たて》)

意味《つじつまが合わなくなる。論理上の不一致。くいちがい。》

故事《矛《ほこ》と盾《たて》を売っていた男が「この矛はどんな盾でも突き破ることができ、この盾はどんな矛でも突き破ることができない」と言ったところ、「その矛でその盾を突いたらどうなるのか」と問われて答えられなかったという『韓非子《かんぴし》』の故事から。》(『岩波漢語辞典』から)

(ii)――おもにヨーロッパのことばがもとになってできている漢語。

[神経《しんけい》] 訓よみ(神《かみ》、経《へーる》)

意味《①中枢の興奮を体の各部に伝導し、または体の各部からの刺激を中枢に伝導する経路……以下略。②物事に触れてよく気がつく心のはたらき。……以下略。》

故事《zenuw……オランダ語の訳語として、杉田玄白が『解体新書』で初めて用いた語。「神気」「経脈」からの造語。》(『広辞苑』から)

[社会《しゃかい》] 訓よみ(社《やしろ》、会《あーう》)

意味《①人間が集まって共同生活を営む際に、人々の関係の総体が一つの輪郭をもって現れる場合の、その集団。……以下略。②同類の仲間……。③世の中。世間。家庭や学校に対して職業人の社会をいう。……以下略。》

故事《society……「郷民為㆓社会㆒」福地源一郎による訳語。》(『広辞苑』から)

(iii)――中国の故事に、ヨーロッパの思想や文化がからみあってつくられた漢語。

[文化《ぶんか》] 訓よみ(文《ふみ》、化《ばーける》)

意味《世の中が開けて生活が便利になること。》

故事《文徳で民を教化すること。》

ヨーロッパのことば《culture……人間が自然に手を加えて形成してきた物心両面の成果。……以下略。》(『広辞苑』から)

[経済《けいざい》] 訓よみ(経《へーる》、済《すくーう》)

意味《物資の流通する社会的関係。転じて金銭のやりくり、倹約のこと。》

故事《経国済民、国を治め民を救うこと。》

ヨーロッパのことば《economy……人間の生活に必要な物を生産・分配・消費する行為についての一切の社会的関係。》(『岩波国語辞典』から)

このように、形・音・義をあらわすといわれる漢字の義《(いみ)》は、つぎつぎと派生し、拡大し、まるで古い皮袋のようにたくさんの意味をせおいこんでしまうことになった。そして、ある一つの漢字がにないこんだたくさんの義は、その漢字が、どんな漢字とむすびついて漢語をつくるかによって、はじめて実現する。

たとえば、経済《けいざい》の経《ケイ》はもともとは《織機に張ったたて糸》であった。この《たて糸》の意味が生かされるのは、経《ケイ》が次のような漢字と組み合わさって漢語をつくったときである。その意味がしだいに派生して、つぎつぎと漢語をつくっていくようすを次にあげてみる。

①―織物のたていと。↔緯。「経緯」。

②―南北の方向(道)。「経線、経度……」。

③―すじ。物事のすじみち。いつも一定していること。「経常、経費」。

④―物のすじみち。不変の道理を説いた書物。とくに仏教で、仏陀《ぶつだ》の教えを説いた典籍。「経書、経典……」「経巻、経文……」。

⑤―すじみちをたどる。過ぎゆく。とおりみち。へる。「経過、経由、経路……」。

⑥―すじみちをつける。管理する。はかる。治める。おさめととのえる。「経営、経理、経世、経国、経済、経路……」。
⑦―糸すじをかける。ひもで首をくくる。「自経」。
⑧―すじをひく。境をつける。「経界、経地」。(『岩波国語辞典』から)
もとは織物のたて糸が、すじをとおすことから、管理することに発展し、それがヨーロッパのことばエコノミイ(economy)の訳語につかわれたということになるのである。

❻―――時代の推移と漢字

漢字は、もともと現実のものごとを絵のようにうつしとって、形としてあらわし、その形はことばとしての音《おと》と、現実をさししめす義《いみ》をともなって使われてきた。ところが、現実は刻々とうつりかわり、うつしだしているなかみ(義《いみ》)とはくい違うものがあらわれてきた。

かつて「駅《えき》」は、《旅人が馬に乗り継ぐところ》であり、「駐《ちゅう》」は《馬をつなぎ駐《とど》めること》だった。お駄賃《だちん》の「駄《だ》」は《馬が運ぶ荷物の賃金》であり、ご馳走《ちそう》の「馳《ち》」は《接待のために馬を走らせること》だった。

その現実はすでに馬から電車や自動車にかわってしまったのに、漢字には依然として馬《うまへん》の形がついている。つまり漢字は昔からその形を変えないで、なかみの義をふやすことでうつりかわっていく現実に対応してきたのだった。

その形を変えないで、意味をふやすことでうつりかわっていく現実に対応してきた漢字の性質について、次に「電」をつかって、その字源からの経緯《いきさつ》を具体的にとりあげてみよう。

「電」は、雨《あめ》と申《しん》の会意文字であり、申は、《神をあらわすいなずまの形》であり、これは神のもとの漢字(初文)であったという(『字統』)。

申(シン、かみ、のびる、もうす)

神(シン、かみ、たましい、こころ)

電(デン、いなずま、いなびかり)

したがって、「電」は神意をしめす《いなずま、いなびかり、かみなり》であり、当初はその意味をになう「電光」や「雷電」としてだけにつかわれていた。

ところが、その「いなずま」から自然界にひそむ電気が発見され、人間の手によって開発されてくると、「電」のなかみ(義)も大きくふくれあがることになった。初めそれはエレキ(electricity)という外国語といっしょに日本にもちこまれた。そのエレキの訳語として、それまでは「いなずま」をあらわしていた「電」がひきだされ、雲のようすをあらわしていた「気」と組み合わさって、「電気」が誕生し、日本語として定着していった。

やがてその「電気」を利用したさまざまな道具が人間の手によって開発されていった。たとえば、電気、電力であり、電報、電信であり、電車である。こうして、そのつど、「電」のなかみはふくれあがっていった。そして現在では、少なくとも、つぎの四つの意味をになって漢字になったのである。

①──いなずま、いなびかりの意味　　電光、雷電、逐電……

②―電気の意味　　電力、電線、電流、発電、送電、電源……

③―電信・電報の略として　　打電、入電、来電、返電、外電、公電……

④―電気鉄道、電車の略　　国電、市電、終電……

この四つの意味は、「電」がどの漢字と組み合わさるかによって、実現されることになる。つまり、「電」が光《こう》や雷《らい》や逐《ちく》……と組み合わされば「いなずま」になり、力《りょく》や線《せん》や流《りゅう》……と組み合わされば、電気・電力となり、打《だ》、入《にゅう》、来《らい》……などと組み合わされば、電信・電報になり、国《こく》、市《し》、終《しゅう》……などと組み合わされば電車となるのである。したがって、「電」という漢字の字源やその成り立ちを知っているからといっても、電が使われているすべての漢字・漢語がわかるわけではない。

私たちが「漢字の字源や成りたち、その体系的な文字そのものをとりたてて学習することの大切さと同時に、物語などの言語活動のなかで、漢字があらわしていることばを豊かに獲得することがその基盤になくてはならない」としているのは、このことからである。つまり、漢字そのものを知っていても、その漢字がつくることばはかならずしも直接、理解できるものではない。

文字そのものを学習するのがたていと(経)とすれば、物語などで広くことばを獲得することがよこ糸(緯)である。このたてよこの糸が相互に織りなしてこそ、日本語の文字としての漢字が身につくことになるであろう。

あとがき

私たちが『字統』(平凡社)と出会い、白川静先生の漢字学のご著書から学び、また、直接、お伺いしてお教えを受けてから、すでに十余年の歳月がたった。

その間、「漢字がたのしくなる本」シリーズ製作の中心にあった宮下久夫が、一九九七年正月に、突然、鬱血性心不全で倒れて、一夜にして逝った。

そのときまでに、毎月一回、四人の編集メンバーによるひと月間の課題を持ちよっての一泊二日の研究会は、すでに十年を越え、シリーズの製作は終わろうとしていた。その終わりの段階で、教室で漢字をとり扱うときに、その指導の段階的な手順がわかるような「漢字の指導過程」を書くことが宮下の課題となった。そして、第一稿・第二稿(部分的には第三稿まで)が書かれて検討されたが、すでに教育現場を離れて十年近くにもなり、また実際に教える機会から遠ざかってしまっていたために、改稿は頓挫せざるをえなかった。しかし、その遺稿は、ダブっている部分をふくめて、四百字七百枚にもおよんだ。

宮下の亡きあと、その仕事を継承しようとする教師たちの「漢字の学びを楽しくする会」で遺稿集の公刊を話し合ってから一年近くになるが、改めて編集に取り組んでみて、この遺稿集が、たんなる指導過程論ではなく、漢字の指導・学習システムの構築にとってのきわめて重要な提言となっていることに気づかされた。宮下が漢字指導のながい体験のなかでどのように漢字の体系を学び、それを指導・学習システムとして組み立てようとしたか。それはまた、白川静先生の漢字学から学んで、これまでの指導・学習上のつまずきの原因を根底から明らかにし、どのように指導・学習システムを構成し展開していったか、その軌跡をたどることができる。その意味で、この遺稿集が漢字を教え・学ぼうとする人たちに大いに役立つにちがいない。

実際、この学習システムで学ぶことで、私たち自身、はっと気付かされることも多く、漢字学習が楽しくなった子どもたちも多い。漢字を分解し、つながりを発見すると、漢字に興味を持ちみずから調べ、さらに追究していく子どもたちになっていく。新指導要領では、「総合的な学習の時間」の導入によって、国語の学習時間がさらに減らされてしまう。そんななかでは、漢字の構造を理解させる体系的な指導がますます重要になってくるだろう。本書をベースにして、「総合学習」として漢字を学んでいく案もいろいろ検討している。「漢字カルタ」三部作で思う存分遊び、遊びながら発見したことを生かし、「漢字が楽しくなる本」シリーズを学び、『字統』や『字通』で調べ追究する学習は、ほんとうの「総合学習」になるだろう。

宮下が生前の泊まり込みの研究会でよく言っていたのは、「今後、だれが漢字の指導・学習システムを組むとしても、ぼくらの仕事がその検討の礎石となるにちがいない」ということばであった。この仕事を次世代の人たちの検討にゆだねるために、バトンタッチすることを、私たちは広く呼びかけたい。

最後に、白川静先生に過分な序文をいただいたことと、『文字始源　象形文字　遊行』の栗津潔さんに古代文字による装丁をしていただいたことに深い謝意を捧げる。

二〇〇〇年十一月

漢字の学びを楽しくする会

宇敷輝男・浅川満

【漢字がたのしくなる本シリーズ】

著者——宮下久夫・伊東信夫・篠崎五六・浅川満

★漢字がたのしくなる本・テキスト【全6冊】

1 101字の基本漢字

2 128字のあわせ漢字

3 159の部首

4 146の音記号

5 142の音記号

6 漢字の単語づくり

●

★漢字がたのしくなる本・ワーク【全6冊】

1 101基本漢字あそび

2 あわせ漢字あそび

3 部首あそび

4 漢字の音あそび　形声文字1

5 形声文字あそび　形声文字2

6 漢字の単語あそび

●

★幼稚園かんじカルタ

★101漢字カルタ

★98部首カルタ

★108形声文字カルタ

●

★漢字くみたてパズル・十の画べえ

★あわせ漢字ビンゴゲーム 1 2

★部首トランプ

●

★漢字はみんな、カルタで学べる

『101漢字カルタ』と『98部首カルタ』は、
2010年に新版を発行しています。
本書中の図版は旧版のものです。

分ければ見つかる知ってる漢字

白川静先生に学んで漢字の学習システムをつくる

●二〇〇〇年十一月二十日　初版発行
二〇一〇年十一月二十日　五刷発行

著者……●宮下久夫
装幀者……●粟津潔
本文レイアウト……●箕浦卓
カバー・中扉古代文字……●粟津潔

発行所……●株式会社太郎次郎社エディタス
東京都文京区本郷四-三-四-3F　郵便番号一一三-〇〇三三
電話〇三-三八一五-〇六〇五　www.tarojiro.co.jp/
編集……●浅川満
印字……●株式会社コーヤマ〈本文〉
印刷……●モリモト印刷株式会社〈本文〉＋株式会社文化印刷〈装幀〉
製本……●株式会社難波製本
定価……●カバーに表示してあります。
ISBN978-4-8118-0659-4 C0081

宮下久夫（みやした・ひさお）
1927年　群馬県に生まれる。
1949年～1987年　群馬県で小学校教諭。
1997年1月　死去。

●著書
『お母さんの漢字教室』（毎日新聞社）
『漢字の組み立てを教える』（太郎次郎社）
『にっぽんご6・語《ご》彙《い》』『にっぽんご7・漢字』（共著・麦書房）
『漢字の授業』（共著・日本書籍）
『漢字のいずみ・小学校中学校の漢和辞典』（共著・日本標準）
『漢字がたのしくなる本』全シリーズ（共著・太郎次郎社）